JN284549

5分でできる英語あそびマニュアル75

わだことみ 著
クリストファー・コソフスキー 英文監修

はじめに

🌷「英語子育て」はだれでもできて、楽しめる

「どうして、英語子育てを始めたのですか？」と聞かれることがよくあります。当時（昭和61年ごろ）は「英語子育て」ということばもなく、子どもが英語を学ぶということも、どちらかというと珍しい世の中でした。でも、娘たちが英語を自由に話せたり、コミュニケーションできたらいいだろうな、そして自分の英語のブラッシュアップもしたい、そんな願いがあってはじめました。いわば教育ママだったのかもしれませんね。

でも、途中からは、そうした目的意識はなくなっていました。子どもと英語のビデオをいっしょに見たり、手あそびをしたり、歌を歌うことがわたし自身も楽しくて、子どもの笑顔を見ているのが幸せで、自然と続いたという感じです。また、自分の英語のブラッシュアップになったことはもちろんですが、たぶん、「子どもに英語を教えるぞ！」というスタンスでは長続きしなかったと思います。

「英語子育て」って、大変そうに聞こえますが、実際はだれでもできて、楽しくて、子どもとの世界が広がる子育てなのです。この本の目的もそこにあります。いつでも、だれでもできるヒントがいっぱい詰まっています。

わたしの本棚には10年前、娘たちといっしょに読んだ、ぼろぼろに使い込まれた洋書の絵本が、並んでいます。一冊取り出すごとに、子どもの笑顔がこぼれてきて、どの一冊にも娘たちとの大切な思い出が詰まっています。

英語子育ては、わたしにとっては、子どもとのあたたかな思い出づくりでした。構えず、焦らず、期待せず、そして楽しむことが、遠回りのようだけれど、いちばんの近道と、これまでの経験からはっきりと言うことができます。

わたしの英語子育ての出発点

英語子育てのきっかけですが、実はわたしは理系の工学部出身でして、いわゆる英語がすごく得意なお母さんでも、帰国子女のお母さんでもありません。英語子育ては、だれでも大丈夫！できる！ってことですよね。

きっかけは実は30年も前の高校生のころでした（年がばれちゃいますね）。

ほかの高校生と同様、大学受験のために、英語の長文を読んだり、英単語を覚えたり、文法の問題を解いたり、といった勉強をしていました。そのころNHK教育テレビでセサミストリートをやっていまして、かわいいキャラクターが大好きで、よく見ていました。すると、全然違う英語なんですね。これまで自分が習っていた、読み書きの英語とはまったく違う世界が展開されてるって感じで。なんかカルチャーショックで、こういう英語があるんだ、勉強じゃない生きた英語、これはショックでした。
ビッグバードやエルモなどのキャラクターの話す英語は、とても新鮮で楽しそうでした。「英語って勉強じゃなくて、ことばなんだ。怒ったり笑ったり泣いたり、自分の気持ちを伝える生きたことばなんだ」ってすごく感じました。それなのにわたしは、いつのまにか構えて英語をやっていて、それって何か違うなって感じたのが、原点でした。

そうか、英語っていろいろな世界を知ったり、自分の気持ちを伝えたり、テレビで聞いたり、絵本を読んだり、英語の歌を歌ったり、いろいろな形があって、日常生活で生き生きと使われることばなんだ！　高校生のときに見た、セサミストリートが、実はわたしの英語子育ての出発点なのです。

🌷 ことばとしての英語には、早くからふれてほしい

長女を産んだとき（昭和61年）、娘には、勉強ではない、ことばとしての英語、話したり、聞いたり、生活のなかでいろいろな英語にふれてほしいと思いました。

「勉強」というくくりの英語では、息切れがしてしまいます。それに受験などの目的を達成すれば、一挙に英語への興味がなくなってしまいますよね。それよりいっしょに楽しんだマザーグースの曲のリズム、英語の絵本、手あそび、楽しいキャラクターを通しての英語ならば、ずっと心のなかに残っています。

🌷 「教える」はやめて、「いっしょにあそぶ」へ

子どもには、学習とあそびの区別はまったくありません。生活そのもののなかで、子どもは、いろいろと学んでいくし、興味あることにはどんどん積極的に取り組む。ところが、いやとなったらまったくやらない。もちろん強制的にさせられるのは大嫌いです。

うちの娘たちも「〜しなさい」と言えば、必ず「やだー」「だめー」が返ってきました。ところが、「これ、どっちにする？」「これ、教えてね」と聞くと全然違います。こちらで押し付けてしまうと、反発ばかりだったのが、こちらが変わると、子どもも変わっていきます。子育ては、親育てなのかもしれません。子どもを通して、こちらが気づいたり、変わっていくことのほうがずっと多いのです。

英語に関しても、「これを聞きなさい」ではなくて、「○○ちゃんはどれが好き？」「何をやりたい？」などと聞いて、自分で選択して、自分の意思で決めることが、子どもにとっては大切です。学ぶということは、とてもメンタルなことです。何を学ぶか以前に、モチベーションというか、自分からやってみたい、楽しいと思うことが必

要です。
アルファベットだって、おうちの方はワークブックをなぞってほしいと思うでしょうが、子どもはおもしろくなかったらやらないし、おもしろそうと思えば、自分からどんどんやろうとします。自発的なときは、とても楽しそうな表情です。アルファベットのAに目やひげをかき込んで、"Mr. A"、さらに悲しそうな顔にして涙をかいて、"Mr. A is crying."とするとずっと楽しいですね。工夫やアイディア、そしてこちらの接し方で、子どもの表情はいきいきとしてきます。

単語をいくつ覚えたということより、ニコニコ楽しい時間を英語で過ごすことが、長続きの秘訣です。

5分でできるアイディアがいっぱい

子育て中のお母さんは大忙しです。食事の支度、子どもの送り迎え、片づけ。目の回る忙しさですね。スキマ時間はあるのだけど、ゆっくりやるヒマがない。だから、5分以上はかけたくない、もっともなことです。

この本には、わたしが子ども向けの英語教室で行っていた（いる）もの、娘たちと実際にやったもの、これまでたずさわった多数の教材制作の経験から生まれたものなど、5分でできる英語子育てのアイディアをいっぱいのせました。最後にはワークシートもあるので、そのまま拡大コピーして使えます。家事の合間、夜寝る前、ちょっとした時間にトライしてみてください。

2005年3月
わだ ことみ

CONTENTS／目次

- はじめに—*2*

Part 1　先輩ママが教える　年齢層別　英語子育てアドバイス—*9*

- 0〜1歳　やさしくことばをかけて—*10*
- 2〜3歳　あそびのなかで英語にふれる—*12*
- 4〜6歳　お話のなかで英語あそび—*16*
- 小学校1〜2年生　ゲームや絵本をつくろう—*20*
- 小学校3〜4年生　スペルも覚えてみよう—*22*
- 小学校5〜6年生、中学生以降　ほめて見守ってあげよう—*24*
- わだことみ先生　おススメの教材—*26*

Part 2　カンタンにできる　英語あそびマニュアル—*27*

体を使ってEnglish

1. 指あそびをしよう—*28*
2. 虫になろう！—*30*
3. 動物になろう！—*32*
4. 野菜になろう……えー！—*34*
5. 人間時計だぞー—*36*
6. わたしの一日—*38*
7. 動物の鳴き声をまねしてみよう—*40*
8. いろいろな音を出してみよう—*42*
9. わたしはだーれ？—*44*
10. 変な顔、怒った顔—*46*
11. 歩いて、走って、止まって—*48*
12. 反対ことばをジェスチャーでやってみよう—*50*
13. お父さんと電車ごっこをしよう—*52*
14. パパのあとについてやってみて—*54*
15. 色おに（いろいろな色のものを見つける）—*56*
16. ダンボールの箱を使って—*58*

お絵かきやおもちゃでEnglish

17. ブロックを使って（色）—*60*
18. ままごとを使って—*62*

- ⑲ 袋のなかになにがある？―*64*
- ⑳ 折り紙で形や色を覚えよう―*66*
- ㉑ 折り紙で大きさをくらべよう―*68*
- ㉒ クレヨン・絵の具で色を覚えちゃう―*70*
- ㉓ お絵かき（その1 動物）―*72*
- ㉔ お絵かき（その2 形や色、○○ちゃんをかく）―*74*
- ㉕ お絵かき（その3 うれしい、悲しい）―*76*
- ㉖ おもちゃの携帯電話を使って―*78*

切ったり、はったり、工作でEnglish

- ㉗ チラシやカタログを切り抜いて（その1 お店屋さんをつくろう）―*80*
- ㉘ チラシやカタログを切り抜いて（その2 スーパーマーケットをつくろう）―*82*
- ㉙ チラシやカタログを切り抜いて（その3 わたしの部屋）―*84*
- ㉚ ままごとを英語でやってみよう！―*86*
- ㉛ くじ引きであそぼう―*88*
- ㉜ 洗濯物を干す―*90*
- ㉝ 地図をかこう―*92*
- ㉞ 「ABC Book」をつくろう―*94*
- ㉟ 反対ことばの本をつくろう―*96*
- ㊱ クリスマスカード（その1 クリスマスの飾り）―*98*
- ㊲ クリスマスカード（その2 ポップアップカード）―*100*

家事や料理でEnglish

- ㊳ 洗濯物をたたみながら、これだれの？―*102*
- ㊴ 冷蔵庫のなかをのぞいてみると―*104*
- ㊵ スーパーで買い物して帰ってきたら―*106*
- ㊶ 待ってました……おやつの時間―*108*
- ㊷ 料理をいっしょにやってみよう（その1 パンケーキ）―*110*
- ㊸ 料理をいっしょにやってみよう（その2 ロールサンド）―*112*
- ㊹ 歯みがきはちゃんとやってる？―*114*
- ㊺ おふろでEnglish！ 体を洗いながら―*116*
- ㊻ 着がえは自分でできる？―*118*

アルファベットを覚えちゃおう

- ㊼ アルファベットチャートとアルファベットソングで覚えよう―*120*
- ㊽ マカロニでアルファベットさがし―*122*
- ㊾ スナック菓子でアルファベット―*124*
- ㊿ エプロンやTシャツにアルファベットをかいて―*126*
- 51 アルファベットのマグネット―*128*

52 アルファベットのパズル—*130*

英語の絵カード、本であそぶ

53 英語の絵カードをはじめよう—*132*
54 英語の絵カード、言えるかな？—*134*
55 英語の絵カード、いくつ知ってる？—*136*
56 英語の絵カードあそび—*138*
57 英語の絵カードを使って—*140*
58 ゾウを指でさしてね—*142*
59 「ABC Book」を読む—*144*
60 音あそび感覚でフォニックス—*146*
61 子育て表現リスト〜ニコニコ編—*148*
62 子育て表現リスト〜プリプリ編—*150*

Part 3　コピーもOK！　すぐに使えるワークシート—*151*

1 What is the letter A for?—*152*
2 What letter comes after P?—*154*
3 What is missing?—*156*
4 Let's find the number.—*158*
5 What color is the apple?—*160*
6 What shape is this?—*162*
7 What's this?—*164*
8 What animal is this?—*166*
9 Connect the letters from A to Z.—*168*
10 Connect the dots.—*170*
11 Can you find the words?—*172*
12 What is the opposite of small?—*174*
13 How to play with alphabet cards—*176*
🌱 アルファベットカードの型紙—*178*
🌱 クリスマスカードの型紙—*180*
🌱 アルファベットチャートやワークシートの答え—*181*
🌱 おわりに—*184*

※工作についての注意点
本書では、工作ページで、はさみやホチキス等を使う活動が紹介されています。子どもがそれらの道具を使うのにあぶない場合は、大人がつくり、子どもに渡すようにしてください。

※「英語あそびマニュアル75」は、Part 2のあそび62種と、Part 3のワークシート13種をあわせた数です。

Part 1
先輩ママが教える
年齢層別　英語子育てアドバイス

「英語子育て」のさきがけ的存在のわだことみ先生が、0歳から中学生になるまでの年齢層別に、英語子育てをアドバイス。実体験にもとづいた話だから、思わずナットク！

0～1歳
やさしくことばをかけて

赤ちゃんのころって本当にかわいいですね。にこっとした笑顔、すやすや寝ているとき、愛らしくて、子育ての大変さを忘れさせてくれます。このころは、音楽やスキンシップを中心に、いっぱいことばかけをしましょう。

🌿 英語の歌をたくさん聞こう

赤ちゃんのころは、抱っこしている時間が長いですよね。ぐずったり、おっぱいをあげたりするときも抱っこ。わたしは、この時期はよくマザーグースの曲を聞きました。いっしょに歌いながらそっとゆらしたり、抱きしめたりキスしたりして、*Twinkle, Twinkle, Little Star*を歌いました。ママもCDに合わせていっしょに歌いましょう。お母さんのぬくもりと声がいちばん安心だし、抱っこされているときが、赤ちゃんにとってもしあわせです。

🌿 やさしくあたたかくスキンシップ

まだねんねや、ハイハイのころは、赤ちゃんの様子に合わせて、お母さんからことばかけをしたり、スキンシップをしたりするのが中心ですね。ほっぺとほっぺをくっつけて "cheek to cheek"、オムツを替えながら足を上下させて、"Up. Up. Down. Down." など、やさしくことばをかけるといいですね。お母さんの心の波動はすぐに伝わります。泣いているときにこちらがイライラすると、赤ちゃんも泣き止まなかったり、ゆったりとしていると泣き止んだり、赤ちゃんの心はお母さんの心そのものです。

いないいないばあ

定番の「いないいないばあ」はやっぱりいちばん大好きなあそびです。英語では "Peek-a-boo!" 日本語でも、いないいないばあっ！ と言ったときに、にっこり笑う顔がとってもかわいらしくて、ついこちらも何度もやってしまいますね。いろいろなバージョンができます。パペットを後ろに隠して、赤ちゃんの前に急に出して "Peek-a-boo!"、クマのぬいぐるみにタオルをかけてから、とって、"Peek-a-boo! I'm a bear." なんてやっても楽しいですね。パペットや指人形、マスコット人形はとても便利な小道具なので、いくつかそろえておくといいでしょう。

はじめての子育て

長女が0～1歳で、新米ママのころは、わたしもオロオロドキドキ、不安がいっぱいで、かわいいけれど、とても心配、というのが本音でした。おっぱいにオムツ替え、お風呂に離乳食、散歩と大忙し。なぜ泣いているかわからなくて、病気かしらと心配で、わたしもいっしょに泣いてしまったりと毎日大変でした。こんなときに、わざわざ英語？ と思いますよね。確かにわざわざ英語の時間をとるのは大変です。そもそも、子育ては計画を立ててもまったくうまくいきませんね。それより普段の生活の一部を英語にしてみる、そう思うと簡単です。

子守唄は日本語と英語両方で、いないいないばあも英語でもあそべれば、二倍楽しいですね。絵本も、洋書と日本語のものを両方そろえました。英語の時間を別につくったとしても、いつ眠くなったり、ぐずったりするかわからないのが子育てです。英語子育ては構えてしまうと、うまくいきません。楽しく英語にふれて時間が過ごせたら、それで花マル！ ぐらいの気持ちのほうが、長続きします。

2〜3歳
あそびのなかで英語にふれる

このころの娘たちはもう、反抗のかたまりといいますか、「〜する？」って聞いても、「ダメ」「イヤー」「ばかー」の連続。お茶碗、洋服、何でも自分で決めたものでないと絶対ダメ。わが道をばく進といった感じでした。

🌱 いっしょにダンス、カラオケタイム

何でもかんでも「イヤー！」の年齢でしたが、英語の歌に合わせて踊ったり歌ったりは、大好きでした。上の子がいちばんはじめに歌ったのが、ABCソング。いすを使ってステージをつくって拍手で迎えると、マイクを持って"♪A, B, C, D, E, F, G..."と楽しそうに歌いはじめました。マイクやステージといった小物の演出は不可欠。

このほか Row, Row, Row Your Boat はラップのしんを両手で持って、いっしょにボートをこぐまね。手あそびの歌もよくやりました。折り紙で星の形を切って、包装紙を細長く丸めたものの先に星をつけ、お星様にして、両手に持ちながら歌いました。こうした小物や演出で雰囲気づくりをすると、ずっと楽しくなります。子どもたちはアルクの「マザーグースの歌*」が好きで、よく聞きました。手あそびの方法ものっていて、とても便利。今なら、英語の歌のビデオやDVDもいろいろな種類のものが出ているので、いっしょに見ながら覚えてもいいですね。特に雨の日や、冬の寒い日、外に出られない日などのストレス解消にぴったり。手あそびがむずかしいときは、簡単にアレンジしてオリジナルにしてもいいですよ。

＊『うたおう！ マザーグース 上巻、下巻』（アルク刊）教材のご紹介は本書26ページ参照。

パペットでこんにちは

簡単なあいさつや質問は、パペットを使うといいです。パペットでなくても指人形、マスコット人形でもいいですね。"Hello. How are you? How old are you? What's your name?"など、声色を変えて質問します。子どもが答えられなくてもかまいません。

パペットを使って子どものほっぺをさわったり、くすぐったり、英語であいさつしたり、いろいろな演出をするといいですね。

英語の絵本にふれよう

わたしは洋書の絵本が大好きで、はじめて洋書の絵本を買ったのが高校生のころ。絵の色合い、動物の雰囲気も日本のものと違って独特の感じがあります。絵を見ているだけでもすてきです。娘を産んでからは、ずいぶんいろいろ購入しました。今はオンライン書店、大型書店の洋書コーナーには、絵本、ピクチャーディクショナリー（絵辞典）、DVD、ビデオなどが豊富にあります。絵本なら、1ページに2行程度のセンテンスのものがいいですね。

子ども向けのピクチャーディクショナリーで単語を覚えたら、"Where is the cat?"などと絵さがししたりして、いろいろあそびました。このほかABC BookやCounting Book（数の本）もおすすめです。ABC Bookなら、それぞれのアルファベットではじまる単語を覚えたあとで、"A is for...?"など聞いたり。Counting Bookなら、"One, two, three..."などといっしょに数えてもいいですね。絵本は手の届くところにおいておくと、いつでも取り出せて便利です。また、これらは小さなミニブックとしても売っているので、持っていって外出先で読んでもいいですね。

🌱 体を使って

動作のことばを覚えるには、体を動かしながら言うのがベストです。ジャンプしながら "Jump, jump."、歩きながら "Walk, walk."、つま先で歩いて "Tiptoe, tiptoe."、英語の歌のCDをかけて、いろいろな動作をやってみましょう。大きな声で、"Run, run!" と言いながら走り回ったり。ストレス解消にもなります。ママといっしょに、体でアルファベットをつくってみましょう。CやZなどアルファベットを見ながらトライしてください。

🌱 なりきりあそび、まねっこ大好き

2〜3歳はなりきりあそびが大好きです。男の子はテレビで人気のレンジャー戦士のまね、女の子はプリンセスやお母さんになりきって、ままごとをしたり自分でストーリーをつくるのがとても得意です。
そこで、なりきりあそびも英語でやってみましょう。
"I'm a cat. Meow, meow, meow, meow." とネコのまね。"I'm a rabbit." とぴょんぴょん飛んでウサギのまねなど、動物のまねっこ。丸くなって、バスタオルをかけて、"I'm an egg." 卵になってタオルから飛び出して、ヒヨコのまねをしても楽しいですね。テレビのキャラクターのまねっこを英語でしてもいいですね。

🌱 いっしょにあそぼう

英語を続けるコツは、あまりきちんと計画を立てないことです。楽しいこと、子どもが好きなことはどんどん英語にしてみる。そのくらいの気持ちのほうが長続きします。

たとえば日本語で、「おはなはどこ？」などと言いながら鼻にさわったりしますよね。それを英語にして"Touch your nose." "Touch your head." など体の部分をさわるゲームにしても楽しいですね。お母さんといっしょにやることが、子どもにとってはいちばん。大好きなお母さんといっしょに歌を聞いたり、ダンスをしたり、だっこしてもらったり。子どもにとってはいちばん安心ですよね。

🌱 やだー、ダメーの2〜3歳

2〜3歳は第一次反抗期で、もう大変。何を言っても、「やだー、ダメ」そのうえ、トイレのしつけ、食事、着替え、お母さんの思うとおりには全然進まなくて、イライラしてしまいますね。

わたしも「何でこんなに思うとおりいかないんだ！」と何度も思いました。上の娘は食が細いうえに偏食、断乳も2歳過ぎ。下の子は夜泣きがひどくて、そのころのわたしのいちばんの望みは6時間続けて寝ることでした。本当にお母さんってえらいです。莫大なエネルギーと時間と、限りない愛情を惜しみなく注いで子育てをしているんですから。

この時期は知的好奇心が旺盛、活発で、何でもやりたい、さわりたい、知りたい。とてもおしゃべりで、一日中お話ししている時期ですね。この時期は「〜しなさい」とか「〜間違っているから直しなさい」は禁物。すぐプイッと横を向いてしまいます。なかなかプライドが高い。やはり、英語でもほめることがいちばんです。"Great!/Good!/Excellent!" 何よりも楽しく自信をもたせるのが大切。その積み重ねで英語が好きになっていきます。

4〜6歳
お話のなかで英語あそび

この年齢になると、会話もいろいろできて、幼稚園や近所の友だちもたくさんできますね。男の子、女の子の意識も強くて、男の子はすごく男っぽく振るまったり、ピンクや赤い色を嫌がったり、見ていてとてもおもしろいです。あそびのルールも理解でき、ゲームっぽいものもできるので、簡単なカードあそびなどもいいですね。女の子は折り紙が好きだったり、みつあみやリボンをつけて、ヘアスタイルを変えたり、おしゃれが大好き。ゲーム、工作、お絵かきなどいろいろなバージョンをとり入れて、英語の幅も広げましょう。

🌱 ゲーム感覚でカードあそび

6歳近くになると、テレビゲームをはじめたり、友だちとあそぶ時間が多くなったり、文字が読めるようになったりと、できることが多くなります。

英語でじゃんけんぽんは "Rock, paper, scissors. One, two, three." です。あいこになったら、"Four, five, six." でじゃんけんします。親子でじゃんけんしながら、勝ったらカードを1枚もらえるというゲームも楽しいです。英語の絵カードがあると、とても便利です。カルタとりのように、英語の絵カードを並べ、お母さんが単語を言って、そのカードを取ります。同じカードを2つ買えば、神経衰弱のようにマッチングゲームができます。

アルファベットのカードなら、AからZまでを順番に制限時間を決めて並べて、ゲーム感覚で取り組むといいです。このほかにもカードを10枚ぐらい並べ、子どもに覚えてもらって、内緒で1枚だけ抜いて、もう一度見て何がなくなったか当てるMissing Gameも楽しいです。また、大文字を覚えたら、D、O、Gとアルファベットカードを並べ、"D-O-G（ディー、オー、ジー）...dog."（ドッグ）のように言いながら単語をつくってもいいでしょう。

キャラクター大好き

4～5歳になると自分の好きなキャラクターが決まってきます。好きなキャラクターを使って、"What color is this?" "What shape is this?" "Is this big?"のように、色や形、大きさを聞いたり、"Do you like this?"などと、好きか嫌いか聞いてみましょう。

キャラクターの工作をしながら英語もできます。幼児用の古雑誌から、好きなキャラクターを切り抜いて、厚紙にはってリボンを通すとペンダント。切りとったキャラクターを画用紙にはり、6～7個ぐらいに切りはなすとパズルができます。工作の過程に英語を使ってみましょう。cut、paste、foldなどの動詞、scissors、glue、pencil、rulerなど文房具の名前も覚えることができます。この年齢になると、切ったりはったりも自分でできるので、自由に楽しんでください。

お絵かきをしよう

お絵かきは形や大小、長短を覚えるのにぴったりです。親子でお互いに、紙にかいているものを見せないようにして、"Draw a big circle." "Draw two circles." などとお母さんが言って、お互い次々にかいていきます。最後にどんなものがかけたか見せましょう。また、形から何ができるか想像するのもいいですね。たとえばsquareなら、何になりますか？ window、televisionいろいろありますね。triangleなら、tree、sandwichなど。このほか、big red circle、small blue triangleなどと言えば、色の名前も覚えられます。英語だけでなく、想像力も養うことができます。もちろん自由にお絵かきするのも楽しんでくださいね。

🌱 子どもに先生になってもらいましょう

うちの二人の娘たちは、わたしから「〜しなさい」と言われるのが大嫌いでした。今でも同じですが(笑)。「間違ってるから直しなさい」なんて命令口調は禁物。子育ては、命令では絶対うまくいきません。これはもう実感。強く言えば言うほど、子どもは反対のことをします。ある程度、単語を覚えたり、カードあそびができたら、子どもに先生になってもらいましょう。「今日は○○ちゃんが先生になってね。お母さんが生徒になるね」と言って、「○○ちゃん先生、カードを教えてください！」と言ってみましょう。立派な先生になってくれます。

わたしはリポーターごっこもしました。大きめのお土産のお菓子の箱のふたの中央を切り、枠をつくって、テレビにします。そのなかから顔を出してリポーターのつもり。はじめお母さんがリポーターになって、そのあと、役割交代。子どもからお母さんに質問します。トイレットペーパーのしんにアルミホイルを丸くして詰めて、マイクのできあがり。"Excuse me. What's your name? How old are you? What's your favorite food?" などとお母さんに質問します。

🌱 絵本やビデオも英語で

この年齢になると、お話のストーリーもわかるようになって、お話に感情移入ができるようです。日本語にも翻訳されているエリック・カールの有名な絵本、『はらぺこあおむし』(*The Very Hungry Caterpillar*/Eric Carle/Puffin Books*など) なども洋書で買って読み比べてもいいでしょう。はじめに日本語で読んで知っていると、ストーリーが入りやすいようです。そのほか、ピクチャーディクショナリーも、単語をもとにいろいろ質問をしてみてもいいですね。もちろんDVD、ビデオもどんどん利用して、耳からの英語のシャワーも忘れずに。

*洋書絵本はオンライン書店や、全国の有名洋書店でお求めください。

🌱 手あそび、歌あそび

わたしはよく、歌に合わせて子どもと手あそびをしました。英語の歌を聞いているだけでは、子どもは飽きてしまいます。必ず手あそびもしました。マニュアルどおりにしなくてもいいのです。英語の歌に合わせて、歩いたり、いっしょに手をたたいても。やり方がのっていて、CDがついている本や、ビデオがあると便利です。A, B, C...とアルファベットを言いながら空手のように手を前に突き出したり、引っ込めたり、座ったり、自由にかっこいいポーズをつけてもいいですね。Seven Stepsの歌*なら "One, two, three, four..." などと大きな声で歌いながら歩いたり、階段を上ってもいいですね。

ほかに、日本語の歌でよく知られているメロディーのものが歌いやすいです。「きらきらぼし(Twinkle, Twinkle, Little Star)」「メリーさんのひつじ(Mary Had a Little Lamb)」「ごんべえさんのあかちゃん (John Brown's Baby や Little Peter Rabbit)」など、英語でも歌いました。英語と日本語、両方で歌えたら、なんだか二倍楽しめますね。

🌱 成長の早い4～6歳のころ

4～6歳は、心もことばも体も驚くほど成長します。お母さんの手をしっかり握ってはなさなかった子が、5歳の後半には友だちがいちばん大好きで、遅くまであそんでいたり。文字を読みはじめたり。お手伝いをしてくれたり。その成長を見ているだけでもうれしくなってしまいます。英語も、「教える」というスタンスから、いっしょに楽しむという気持ちにお母さんがならないとダメですね。まずは子どもの興味あることからはじめていく。車や電車が大好きだったら、車の数を英語で数えたり、車の英語の絵本を読んでみるなど、子どもの好きなことからはじめるのがいちばんです。どの年齢の子育てにも言えるのですが、親の思いが強すぎたり、こうあってほしいとか、ほかの子どもと比較するとうまくいきません。わが子の個性をいつもプラスに受け止めて、その子の個性にこちらが歩み寄って、親のほうが変わっていくと、子育てはスムーズにいきます。

*Seven Stepsの歌は、『小学校のえいごタイム 1～3年編』(アルク) のCD内に収録されています。

小学校1〜2年生
ゲームや絵本をつくろう

娘たちの小学校の入学式のことは、今でもはっきり覚えています。二人の娘はイマージョン教育*を行っている静岡県の加藤学園暁秀初等学校に入学しました。担任は外国人の先生と、日本人の先生。大きなランドセルとブカブカの制服を思い出すと、今でもウルウルしてしまいます。小学校に入ると単語を読んだり、英語のゲームをしたり、できることがグーンと広がります。

アルファベットあそびをやろう

小学生になると、ひらがなを読んでかけるように、アルファベットも大文字、小文字を読んだりかいたりできます。2〜3年やっている子どもなら、cat、dog、hatなどの簡単な単語も読めます。「これ、読めるかな」と、いくつかの知っている単語をかいて、読んでもらいました。できたら"Great!"とほめ、たとえできなくても、気にしないことです。大文字、小文字については、わたしが薄く文字をかいて子どもがなぞりました。Aをなぞったら"A is for...?"（Aは何のAかな？）などと聞いて、会話に続けます。それからこの年齢層なら英語の本も読めるようになります。Dr. Seussの絵本は"A big fish, a red fish..."など似たフレーズが続いてとてもよかったです（One Fish Two Fish Red Fish Blue Fish/Dr. Seuss/Ramdom House Childrens Books）。同じようなセンテンスの繰り返しが多いと読みやすいからです。また、アルファベットのカードはまずバラバラにおいて、次に"Are you ready?"（準備はできた？）と言って、AからZまで順番に並べます。時間制限を設けて、ゲームっぽくやると楽しいでしょう。

*編集部注：イマージョン教育とは、第二言語（外国語）を効果的に教えるための教授法で、第二言語を使って社会や理科などの教科・科目を教え、学ぶという方法。

ビンゴや英語のゲームを楽しもう

このころになると、英語もゲームにして行うと盛り上がります。紙に3×3、または4×4のマスをかいて、ビンゴゲームをしましょう。1年生なら9マス、2年生なら16マスがいいでしょう。

アルファベットなら大文字でAから順番に、数字なら1から順番に、マスのなかに自由にかき込みます。お母さんは順番にアルファベットや数字を言って、子どもはビンゴの要領で、その文字や数字のマスをぬりつぶしていきます。ぬりつぶしたマスが、縦か、横、または斜めにそろったらビンゴです。

しかけ絵本や飛び出す絵本

小学生になると、自分で工夫していろいろなものをつくります。特に男の子は工作が大好きなようです。わが家では、娘たちが小学生になったころ、しかけ絵本や飛び出す絵本をつくりました。AのところをめくるとAではじまる単語が出ているしかけ絵本や、飛び出す絵本などです。

娘たちはわたしよりもずっと自由な発想をもっていて、思わず感心。子どもの自由な感性、奇抜なアイディアは、すばらしいですね。

工作も何もかも英語でやろうとすると、行き詰まりを感じるかもしれないので、あくまで一部分を英語にするぐらいの気持ちのほうが、長続きします。何事もそうですが、続けるということが大切で、それには楽しいと感じる気持ちが絶対必要です。

小学校3〜4年生
スペルも覚えてみよう

小学校の3、4年生になると、女の子は特に成長が早く、思春期の入り口に来たという感じになります。口ごたえもいろいろするし、親への批判も出てきます。このころからは、英語を教えるというより、英語を通じてゲームをいっしょに楽しむというスタンスのほうがうまくいきます。

🌱 パソコンのゲームやネットでも英語を学ぼう

今の子どもたちはテレビゲーム、パソコンなどを自由自在に使えますね。インターネットで探すと子どもの英語のサイトにゲームもあるし、パソコン用のCD-ROMを購入することもできます。

わたしが子育てをしていたころは、輸入もののディズニーのキャラクターの迷路、パズル、単語づくり、シューティングゲームといったアクティビティの入っている教育用のCD-ROMを買いました。もちろんすべてネイティブ・スピーカーのナチュラルな英語だし、なんといっても内容が楽しかったので、子どもたちはとても気に入っていました。ヒアリングの練習にもなり、外国の子どもたちが、母語としての英語をどうやって習得していくかもよくわかります。"Amazing!" "Good job!" といった表現も、ゲームをしているうちに自然に覚えてしまいます。

🌱 クロスワードパズルなどのゲームも楽しもう

単語が読めるようになると、文字を使ってゲームが楽しめます。マス目のなかに簡単な単語をかいておき、まわりに同じ単語をかいてマス目のなかから見つけます。

4年生になったら、子ども自身がピクチャーディクショナリーから単語を選んで、クロスワードパズルをつくってもいいですね。cat、dog、fish、frog、lionなど、よく知っている単語を用いるのがポイント。同時にスペルも覚えていきましょう。

🌱 グリーティングカードもつくろう

年賀状、クリスマス、誕生日のカード、ハロウィーンのカードなど、いろいろな行事のカードをつくってみましょう。色画用紙、千代紙、折り紙などを使って飾ったり、キラキラ光るペンも使うといいですね。

わたしも英語教室のレッスンで、よくカードをつくりました。ポップアップカードにすると楽しいですよ。こうした季節のカードをつくるとき、その行事にちなんだ飾りつけをしながら単語を覚えていくといいですね。ハロウィーンならbat、witch、jack-o'-lantern、black cat、skeletonなど、外国の行事や文化などにふれることができます。お母さん自身もいろいろな知識を得ることができて、一石二鳥です。

小学校5〜6年生、中学生以降
ほめて見守ってあげよう

小学校5〜6年生さらに中学生以降は、思春期に突入します。学校、先生、家族といった人間関係のなかで心が揺れ、英語というより、心も体も大人に成長していく子どもと、どう付き合っていくかが問題になります。大人と子どもの間を行ったり来たり、ナイーブな反面、反抗期でもあるので、親から命令されたり、管理されるのが大嫌い、でもまだ甘えたい……なかなかむずかしい時期です。

単語あそびなど、ゲーム感覚で

5〜6年生になると進学塾などに通いはじめて、英語も中学の準備といった感じになってくることが多いようです。友だちとの世界がどんどん広がっていく時期でもあります。

友だちやほかの人の前で英語を使うことに、ナーバスになる時期で、たとえ英語が話せても、人前では絶対に英語を話さない子どももいます。

これは、ある意味、とても自然な成長の過程であるような気がします。自分への評価、自分が相手にどう映っているか、その場の雰囲気がとても気になるのが思春期だからです。

英語を話すことに対しては、無理は禁物。むしろ塾や、学校の英語活動の時間に習ったことを話題にしたり、文字を入れ替えて単語をつくるスクラブルゲーム（たとえば "i, f, s, h" を並べ替えて、fishという単語をつくる）であそぶほうが楽しいでしょう。そして、「がんばっているね」「よくできるね」とほめて認めてあげることが大切です。

🌱 中学生は忙しい

そして中学に入ると、英語はやはり学校の授業が中心になります。定期テストなどもあるので、英語の勉強は教科書や参考書が中心になりますが、あとは自主的にヒアリング練習などをしてもいいかもしれません。

この時期は、部活や塾、友だちと、生活が本当に忙しくなります。心の成長も大きく、反抗の嵐の吹き荒れる時期です。

🌱 子どもの自主性がいちばん大切

わたしは実は、中高生に英語や数学を教えていた期間が長く、15年近く塾や予備校で子どもたちに接していました。この時期の英語は、たとえ丸覚えでも、その基礎力があとになって役に立ちます。

ただ勉強するかどうかは、子どもの自主性にまかせましょう。中学生になってから「勉強しなさい」と言っても、まず反発されるだけです。これまで200人以上の中学生、高校生に教えてきましたが、親がガミガミ言ってうまくいった例はありません。英語にしても、勉強にしても、本人のがんばろう！という、やる気やモチベーションが大事なのです。しつこく言うと、かえってやる気がなくなってしまいます。親は子どもを信頼して、むしろ、子どものよい点を認めるようにしたほうがいいでしょう。

中学になると、先生の影響、友だちの影響も大きくなります。友だちもクラスの友だち、部活の先輩、塾の友だちなどなど、お母さんが子どもの心を把握するのもむずかしくなっていきます。大人と子どもの間を行ったり来たり、不安定になって、いろいろなことが起きます。でも、最後はお母さんが子どもを信じて、手をしっかり握っていけば、どんなことも乗り越えられると思います。

わだことみ先生　おススメの教材

ピクチャーディクショナリー、絵カードは、どんなものがよいのかしら……？
わだ先生がおススメする教材をご紹介します。

● アルク2000語絵じてん

価格　4,179円（税込）
ハードカバー絵本＋CD 2枚＋小冊子
監修 久埜百合／アルク刊
アルファベット、色・形・数、家、学校、街の中など、テーマ・場所別に、合計2000の単語を紹介。絵本をめくる感覚で、単語がどんどん覚えられます。幼児から中学校にあがるまで、ずっと長く使える1冊。

● えいご絵カード100 Vol. 1／Vol. 2

価格　各2,940円（税込）
各絵カード100枚＋CD 1枚＋小冊子
カードゲーム執筆（小冊子）わだことみ／アルク刊
左記『アルク2000語絵じてん』の中から、英語を学びはじめた子どもに、特に身につけてほしい単語をカード化。Vol. 1 は、アルファベット、色・形など、Vol. 2 は、家族・職業、身のまわりのものなどを収録。

● ミニしかけえほんシリーズ 『ABC』『どうぶつABC』

価格　各599円（税込）
作 わだことみ／岩崎書店刊
縦7×横7cm のしかけ式ミニボートブック絵本。ともにアルファベットと、各文字ではじまる単語が紹介されていますが、『ABC』は、食べ物、持ち物などが、『どうぶつABC』は、動物の単語が紹介されています。

● うたおう！マザーグース 上下

価格　各1,890円（税込）
編 アルク キッズ英語編集部／アルク刊
ロングセラーのマザーグースのCDブック。ポップス調にアレンジされ、ネイティブの子どもたちの歌声による曲ばかりなので、「ノリがいい」と大評判です。本には、歌詞、和訳、楽譜、手あそびや振りつけなどが載っていて、お子さんとの英語あそびにも大活躍！

＊お問い合わせ先
アルク キッズ英語編集部 TEL:03-3323-1252／岩崎書店 TEL: 03-3813-5526

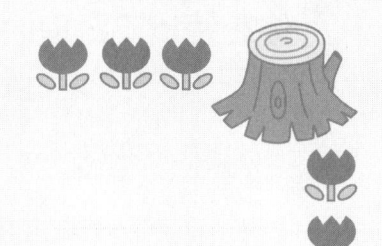

Part 2
カンタンにできる英語あそびマニュアル

> What time is it?
> (なん時？)

> It's 3 o'clock.
> (3時)

今日から、スキマ時間を使ってできる、英語あそびをご紹介。ひとつの活動が見開きで完結しているから、好きなところから読むのでもOK。忙しいママでも、これなら無理なくできますね！

体を使ってEnglish

1 指あそびをしよう
Let's make animal shapes with our hands.

小さいころに指あそびってやりませんでした？ わたしが小学生だったころ、すごくはやっていました。なつかしい……。

子どもって、指あそびが大好きですよね。動物とか形とか、たとえば、英語で"Giraffe."（キリン）と言いながら手で形をつくります。

水性のマジックで手に目をかいたり、白い事務用の丸いシール（文房具屋さんで売っている）に目をかき込んで手にはって使います。手あそびも、目をつけるとずっと表情が出てきますよ。

Let's make animal shapes with our hands!
（手で動物の形をつくろう！）

alligator（ワニ）

rabbit（ウサギ）

frog（カエル）

giraffe（キリン）

butterfly（チョウチョ）

cat（ネコ）

Part 2 カンタンにできる 英語あそびマニュアル

指で形もつくれます。

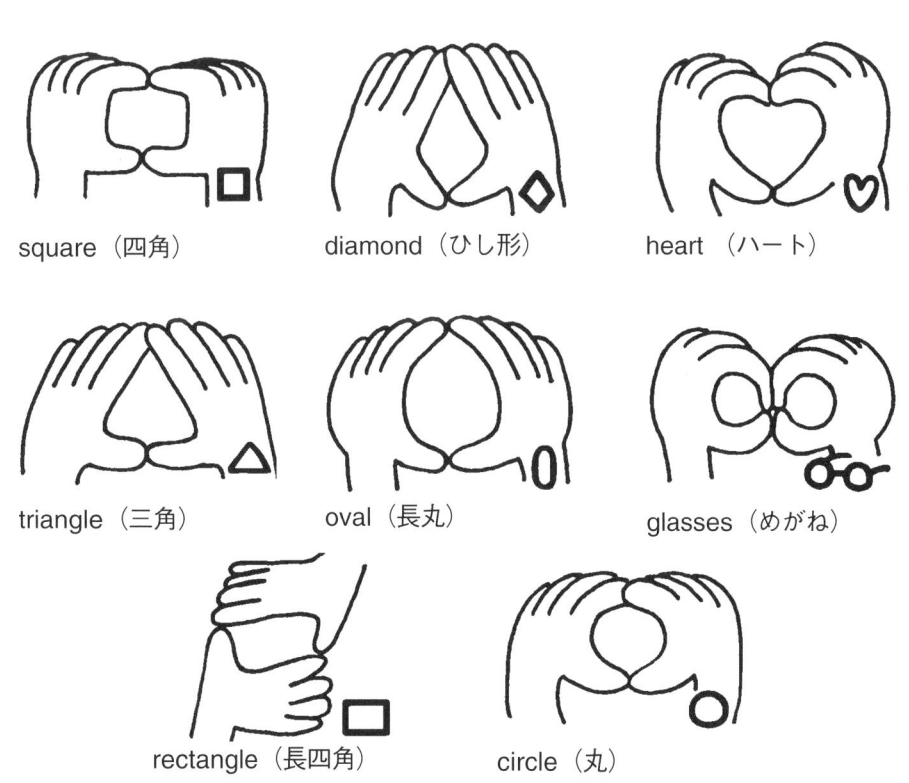

> Let's make shapes with our hands.
> （手で形をつくってみよう）

> Square.
> （四角）

square（四角）　　diamond（ひし形）　　heart（ハート）

triangle（三角）　　oval（長丸）　　glasses（めがね）

rectangle（長四角）　　circle（丸）

ひと口メモ　手で形をつくって子どもに見せて、"What shape is this?"（どんな形？）と聞いてみましょう。

2 虫になろう！
Let's be cockroaches.

子どもとの英語を長つづきさせる秘訣は、なんといっても子どもの好きなことをやることです。

なにしろ、寝ても起きても24時間営業のコンビニエンスママ。だからこそ、自分の子どもの好きなものも、よーく知ってるでしょう。うちの子は車が大好きとか、電車ならなんでも名前を知っているとか。

うちの下の子は、昆虫大好き人間で、夏は毎日虫とりでした。家のなかで放し飼いにしていたので、目の前を突然セミやトンボが横切っていったり、カーテンをカマキリがのそのそ……、わが家はまるで昆虫博物館でした。

虫の名前を英語で言いながら、ジェスチャーで虫のまねをしてみましょう。
虫の気持ちになって、恥ずかしさを捨て切るのがポイント。
セミだったら柱にしがみついて、ミーンミーン……
"Let's be cicadas."（セミになろう）
ゴキブリなら床をはい回って、ガサゴソ……

Let's be cockroaches! （ゴキブリになろう！）

さあ、虫にチャレンジ！

cockroach（ゴキブリ） 　　　spider（クモ）

ひと口メモ　虫になりきるのも、ひとりでやると恥ずかしいけれど、子どもといっしょに思い切ってやってみると意外と楽しい。一度やってしまえばあとは恥ずかしくない、ホント！

Part 2 カンタンにできる 英語あそびマニュアル

体を使って English

bee（ハチ）

mantis（カマキリ）

grasshopper（バッタ）

butterfly（チョウチョ）

Let's be snails.
（カタツムリになろう）

snail（カタツムリ）

dragonfly（トンボ）

これはわたしの考えた虫のジェスチャーの例です。もっといろいろ子どもといっしょに考えると楽しいですね。

ひと口メモ　ハチのまねはおしりでチクッと刺して、刺されたほうが"Ouch!"（痛い！）、クモのまねは窓にへばりついて、ゴキブリのまねは床をガサゴソはい回って……

3 動物になろう！
Act like an elephant.

こんどは動物になってみましょう。
「……になってみよう」の言い方は "Let's be..."のほかにもいくつかあります。elephant（ゾウさん）なら「ゾウさんになろう」の表現は、

> Act like an elephant.
> Let's pretend to be elephants.
> Let's make believe we are elephants.

とも言えるし、超カンタンに "An elephant./Elephants." でもいい。日本語だって、「ゾウさんになろう」とか「ゾウさんだぞ〜」とか、いろいろ言い方がありますよね。英語表現も、その人や家庭によっていろいろな言い方があるんですよね。
さあ、動物のまねをしてみましょう。
両手をまっすぐに上に伸ばしてキリンになって、

> Let's be giraffes.（キリンになろう）

長い鼻のように、片手をぶらぶらさせて、

> An elephant./Elephants.（ゾウさん）

トラ(tiger)は四つんばいになって、こわそうな顔でガォー！
ゴリラ(gorilla)はウホッ、ウホッ、"I am a gorilla."（ゴリラだぞ）ですね。
ヘビ(snake)ならニョロニョロと床をはって……。その動物に心も体もなりきってやってみましょう（お父さんの忘年会の宴会芸としてもおすすめ!?）。

Part 2 カンタンにできる 英語あそびマニュアル

体を使って English

We are tigers.
（トラだぞ）

Look at me.
（パパを見て）
Can you guess what we are?
（なにかな？）

Elephants.
（ゾウさん）

Act like a gorilla.
（ゴリラみたいにやってみよう）

Let's pretend to be snakes.
（ヘビのまねをしてみよう）

4 野菜になろう……えー！
Be a cucumber.

次は虫や動物だけでなく、野菜になってみましょう。
まずは「キュウリ」から。さぁ、キュウリの気持ちになりきって。なかなかむずかしいです。

> **Be a cucumber.** （キュウリになろう）

potato（ジャガイモ）、tomato（トマト）でもできます。そのあとで、

> **It looks yummy.** （おいしそうだね）

と言って食べるまねをします。

Be a cucumber.
（きゅうりになろう）

It looks yummy.
（おいしそうだね）

ほかに、カボチャ、カリフラワーなど、いろんな言い方でやってみましょう。
長い英文はチョットね、という人には、これなら超カンタンでしょ。

A pumpkin.（カボチャ）

Let's pretend to be cauliflower.
（カリフラワーのまねをしてみよう）

食べ物以外のものになってもあそべます。子どもにろうそくになってもらって、お母さんが炎をふーふーふいてあげてもいいですね。

I'm a candle.
（ろうそくよ）

5 人間時計だぞー
What time is it?

大きな大きな模造紙や包装紙に大きく円をかいて、時計の数字をかきます。時計の針はもちろん子どもです。
このゲーム、子どもは大喜びです。
まず子どもを紙の上にかいた時計の上に寝かせて、子どもにお母さんが、

> **What time is it?** (なん時？)

と聞きます。
子どもは適当な時間を言います（ただ、時計はまだ読めないかも）。

> **It's 6 (o'clock).** (6時)

子どもがうまく言えないときは、めざまし時計を使って時間をあわせて、お母さんがかわりに言ってあげてね。お母さんは子どもの足を持って、時計の6時の針の形にします。再びお母さんが聞きます。

> **What time is it?** (なん時？)
> **It's 6 (o'clock).** (6時)

What time is it?
（なん時ですか？）

Four.
（4時）

ひとロメモ 小さい子には "It's 4 o'clock." はちょっとむずかしいので "Four."（4）でもいいネ。

Part 2　カンタンにできる　英語あそびマニュアル

体を使って English

What time is it?
（なん時？）

It's 3 o'clock.
（3時）

OK. It's snack time.
（おやつの時間よ）

What time is it?
（なん時？）

It's 6 o'clock.
（6時）

ひと口メモ　時計の長い針はminute hand（big/long hand）、短い針はhour hand（little/short hand）。

6 わたしの一日
Wake up!

毎日、朝起きてからなにをしますか？　まず朝ごはんを食べて、歯をみがいて、髪の毛をとかして（えー、そんな時間ない？）、トイレに行って、さあ「行ってきまーす」（でも実際はこんなスムーズにいくはずないですよね）。

では、一日の「朝起きてから夜寝るまで」を英語で言いながらやってみましょう。

なん時に起きます？　7時？　では目覚まし時計を7時に鳴るようにセットして、子どもといっしょに横になります（時計の針を7時から2～3分前にして、すぐに鳴るようにして。タオルや歯ブラシなどの小道具も使うとおもしろいです）。

It's time to wake up.
（起きる時間よ）

I brush my hair.
（ブラッシングします）

I get dressed.
（着替えをします）

I wash my face.
（顔を洗います）

Part 2 カンタンにできる 英語あそびマニュアル

体を使って English

Time for breakfast.
I eat my breakfast.
（朝ごはんの時間。
朝ごはんを食べます）

I brush my teeth.
（歯をみがきます）

さあ、幼稚園から帰ってきたら

I jump rope.
（なわとびをします）

I put my toys away.
（おもちゃの
かたづけをします）

I take a bath.
（おふろに入ります）

Time for dinner.
I eat my dinner.
（夕食の時間。
夕食を食べます）

It's bedtime. Good night.
（寝る時間よ。おやすみなさい）

ひとロメモ　"Time for dinner."（夕食の時間よ）のかわりにお母さんが、"Dinner is ready."（夕食ができたわよ）と言ってあげてもいいですね。

39

7 動物の鳴き声をまねしてみよう
A dog says bowwow.

動物の鳴き声って、英語と日本語では違うんです。

同じ鳴き声でも英語と日本語では発音体系が違うから、違って聞こえるのかもね。同じイヌのポチが、日本でほえると「ワン、ワン」、アメリカでほえると "Bowwow."だなんて、なんかおもしろーい。

動物の鳴き声を子どもといっしょにやってみましょう。

> A dog says bowwow.（イヌはワンワン）
> Say bowwow.（ワンワンと言ってみて）
> Bowwow.（ワンワン）

ほかの動物でもやってみてね。

次は鳴き声の当てっこゲーム。鳴き声で動物を子どもに当てさせます。

> Meow, meow.（ニャーニャー）
> What am I?（わたしはだれ？）

"Which animal says meow, meow?"（ニャーニャーと鳴くのは？）もOK。

> Cat.（ネコ）
> That's right.（当たり）

ほかの動物の鳴き声です。

WORDS
- rooster（オンドリ）……cock-a-doodle-doo（コケコッコー）
- pig（ブタ）……oink, oink（ブーブー）
- duck（アヒル）……quack, quack（ガアガア）
- sheep（ヒツジ）……baa, baa（メエメエ）
- mouse（ネズミ）……squeak, squeak（チューチュー）
- bird（ことり）……tweet, tweet（チュッチュッ）
- donkey（ロバ）……heehaw（ヒーン）

ひと口メモ 動物の鳴き声にカタカナで読みをつけました。ただし、カタカナでの正しい表記はむずかしいので、ご参考までに……

Part 2 カンタンにできる 英語あそびマニュアル

体を使って English

①Baa, baa.
（メエメエ）
What am I?
（わたしはだーれ？）

②Dog?
（イヌ？）

③No. A dog says bowwow.
（はずれ。イヌはワンワン）
Guess again.
（もう一度考えて）

④Meow, meow.
（ニャーニャー）
What am I?
（わたしはだーれ？）

⑤Cat?
（ネコ？）

⑥That's right.
（当たりー！）

⑦Yeah!
（ヤッター）

> **ひとロメモ** 文法的に言うと、"A dog."と冠詞のaをつけるのが正しいけれど、日本の3～4歳の子どもでは"Dog."とつけない場合が多いようです。はじめはあまり気にしすぎないでね。

8 いろいろな音を出してみよう
Swish, swish!

ぶつかるときの音、くしゃみの音、これも、日本語と英語では違うんですよね。さて英語ではなんて言うのかな？

「ぶつかる音」は、ドラムをたたくまねをして"Bang.(バン)"で、くしゃみは"Ahchoo!(アチュー)"です。

手で車のワイパーのまねをして "Swish, swish.(スウィッシュ スウィッシュ)"とか、英語で音を言いながら、ジェスチャーでやってみましょう。

Bang!(バン)

（Bangはぶつかったり、ドアをバタンと閉めたり、ドラムをたたく音）

Swish, swish...(スウィッシュスウィッシュ)

（ワイパーの音）手でワイパーのまねをして

Ahchoo!(アチュー)

これはネ、くしゃみの音。日本ではハクションでしょ（アチューなんておもしろいネ、思わずふき出しちゃう）。

ひと口メモ ここでもカタカナ表記をつけていますが、英語の発音はカタカナ表記では正確にあらわすことができないので、あくまで参考にとどめておいてください。

Part 2　カンタンにできる　英語あそびマニュアル

チックタック
Ticktock, ticktock...

（時計のチクタクの音）
両手を時計の針にして時計になりましょう。

ピタ パタ
Pitter-patter, pitter-patter...

（パラパラと雨の降る音）
手で雨の降るまねをしてネ。

マンチ マンチ
Munch, munch...

（食べる音、ムシャムシャ）
これもまた、おもしろい音。なにかを食べるまねをして言ってみて。

スプラッシュ
Splash!

（手でパシャッて感じ。水のはねる音）

ウップス
Oops!
（おっと）

アウチ
Ouch!
（痛ーい！）

ズズズ
ZZZ...

ズズズ
ZZZ...

（グーグー　眠っているときの音）

9 わたしはだーれ？
Guess who I am.

このゲームは3人以上、人数は多いほうがおもしろいです。お父さん、おじいちゃん、おばあちゃん、全員に参加してもらいましょう。

ドアやアコーディオンカーテンを間にはさんで、向こう側に子ども、こちら側にお母さんやお父さん、おじいちゃん、おばあちゃんが来て、こちら側のだれか1人が"Who am I?"（わたしはだれ？）と言って、子どもにだれの声か、当てさせます。ちょっと声色を変えたり、ものまねをして、だれだかわからないようにやってみるとおもしろいですよ。ドアやアコーディオンカーテンの向こうから聞いてみます。

Who am I? / Guess who I am. （だれだと思う？）

Grandpa? （おじいちゃん？）

No. Try again. （違う、もう一度）

Daddy? （パパ？）

That's right! （当たり）

当たったら今度は交代。
お父さんと子どもが入れ替わって、お父さんが当てる側になります。

Part 2 カンタンにできる 英語あそびマニュアル

体を使って English

① Guess who I am.
（だれだと思う？）

② Grandpa?
（おじいちゃん？）

③ No.（ううん）
Try again.
（もう一度）

④ Daddy?
（パパ？）

⑤ That's right!
（当たり）
Please open the curtain.
（カーテンをあけて）

⑥ Wow!
（わー！）

10 変な顔、怒った顔
Can you make a funny face?

子育てって、怒ったり、笑ったり、うれしかったり、がっくりしたり、ほんとうに山あり谷ありのでこぼこ道。気持ちをあらわすことばを教えるには、わたしが実際の表情でやってみました。

"Can you make an angry face?"（怒った顔できる？）

もっと簡単に"Angry!"（怒ってる）でもOK。

お互いに向き合って、英語で言いながら怒った顔をしたり、笑ったり、泣きまねをしたり。上の子はこれをおふろのなかでやるのが大好きでした。

ほかにもジェスチャーを入れながら、すごく疲れた顔でハァー

"I'm tired."（疲れた）、

おなかがすいた顔（どんな顔？）で

"I'm hungry."（おなかがすいた）、

おなかがいっぱいのときは、おなかをさすって満足そうに

"I'm full."（おなかがいっぱい）。

いろいろな表情をつづけてやってみると、おもしろいですよ。

angry（怒ってる）　　sad（悲しい）　　happy（幸せ）

"Happy."（うれしい）、
"Angry."（怒ってる）、
"Sad."（悲しい）
"Proud."（えらいだろ）、
"Surprised."（びっくり）、
"Sleepy."（眠い）

向かい合って次々と順番に表情を変えていきます。プーッ、途中で思わず笑い出しちゃいますよ。

Part 2 カンタンにできる 英語あそびマニュアル

体を使って English

①Can you make a funny face?
（変な顔できる？）

②Can you make a happy face?
（うれしい顔できる？）

③Happy!
（うれしい！）

ひとロメモ 「怒ってる」はangry、「しかめっつら」はfrownと言います。

47

11 歩いて、走って、止まって
Walk. Run. Stop.

雨の日、一日じゅう子どもと家にいると、もうストレスのかたまりになりますね。だってすごい散らかし方でしょ。どんなに片づけても3分ももたない。

夕方には疲れて「もういいかげんにして！」と思わず言いたくなりますよね。こんなときの気分転換に、子どもといっしょに体を動かしましょう。

Let's run. （走って）

と言いながら、家のなかを子どもといっしょにダダダダダ……

Stop. （止まって）

ピタッ！　と止まります。ほかの動作も見てみましょう。

Let's jump./Jumping.
（ジャンプして）

Sit./Sitting.（すわって）

Let's walk./Walking.
（歩いて）

Let's swim./Swimming.
（泳いで）

Let's fly./Flying.（飛んで）

Hop./Hopping.
（片足とび）

Roll./Rolling.
（転がって）

Part 2 カンタンにできる 英語あそびマニュアル

体を使って English

① Running.（走って）I'm going to get you!（つかまえちゃうぞー）

② Stop!（止まって）

③ Swimming.（泳いで）

④ Stop!（止まって）

ひとロメモ　動作を英語で言いながら、実際にその動きをします。"Walking."と言いながら歩いたりしましょう。

49

12 反対ことばをジェスチャーでやってみよう
Small ant, big elephant

big ⇔ small（大きい ⇔ 小さい）や、tall ⇔ short（背が高い ⇔ 低い）など、反対のことばの英語をジェスチャーで！　思いっきり体を広げて、"Big."（大きい）、体を小さく小さくアリさんみたいにして、"Small."（小さい）とかね。反対のことばを英語で言いながら、体を使ってやってみましょう。

front（前）　⇔　back（後ろ）
前を向いて　　　後ろを向いて

Small ant.　　Big elephant.
small (little)（小さい）　⇔　big（大きい）
小さくなって　　　　　　　体を広げて

Short.　　Tall.
short（低い）　⇔　tall（高い）
小さくちぢんで　　空高く伸びて

Down.
up（上へ）　⇔　down（下へ）
上を指さして　　下を指さして

Part 2 カンタンにできる 英語あそびマニュアル

体を使って English

Sitting.

sitting
(すわっている)
すわって

⇔

standing
(立っている)
立ち上がって

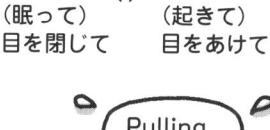

asleep
(眠って)
目を閉じて

⇔

awake
(起きて)
目をあけて

Pulling. Pushing.

pulling
(引く)
なにかを引っぱって

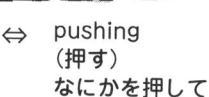

⇔

pushing
(押す)
なにかを押して

fast
(速い)
急いで歩いて

⇔

slow
(おそい)
ゆっくりと
歩いて

light
(軽い)
すいすい楽々と

⇔

heavy
(重い)
うーん、
重そうに

open
(開いて)
手を開いて

⇔

closed
(閉じて)
手を閉じて

short
(短い)
手と手の
間を縮めて

⇔

long
(長い)
手を広げて
長いイメージで

13 お父さんと電車ごっこをしよう
Let's make a train.

さて、お母さんの出演ばかりで、お父さんちょっとむくれていませんか？
さあ、お父さん特別出演でーす。
（拍手が足りないぞー）
力もちのお父さんに、子どもと英語であそんでもらいましょう。

Let's make a train.
（汽車ぽっぽをやろう）

I'm a tunnel.
Crawl under me.
（トンネルだぞ、下をくぐって）

Get on my back.
（背中に乗って）

これは英語で "horsy"（play horsy）、日本語で言えば「おウマさん」って感じかな。一度やってあげると「もっと、もっと」ってもう、しつこいんだよね。

Part 2　カンタンにできる　英語あそびマニュアル

体を使って English

I'll give you a piggyback.
（おんぶしてあげる）

Climb up.
（登ってごらん）

I'll give you a big hug.
（ギュッと抱きしめてあげる）

I'm going to tickle you. / I'll tickle you.
（くすぐっちゃうぞ）

I'm going to get you.
（つかまえるぞ）

You are an airplane.
（飛行機だぞ）

14 パパのあとについてやってみて
Do as I do.

アメリカに、"follow-the-leader"(あとについてやって)というあそびがあります。リーダーとなる人の動作と同じように、ほかの人がまねをするゲームです。たとえばリーダーが手をたたいたら、ほかの人も手をたたきます。パパが "the leader" になってやってみましょう。

> Let's play follow-the-leader.(まねっこあそびをしよう)
> Do as I do.(パパのやるとおりにやって)
> Clap your hands.(手をたたいて)

Clap your hands.(手をたたいて)

Stamp your feet.(足踏みして)

Touch your head.(頭にさわって)

Touch your ears.(耳にさわって)

Part 2　カンタンにできる　英語あそびマニュアル

体を使って
English

Touch your tummy.
（おなかにさわって）

Get on your hands and knees.
（四つんばいになって）

Pinch your nose.
（鼻をつまんで）

Nod your head.
（頭をこっくり）

Touch your toes.
（つま先をさわって）

Stretch your arms.
（腕を伸ばして）

> **ひと口メモ**　このほかに"Open the door."（ドアをあけて）、"Turn on the TV."（テレビをつけて）など、パパが動作のことばを言って、子どもがそのとおりに動くゲームもいいネ。

15 色おに（いろいろな色のものを見つける）
Show me something red.

上の子が小さかったころ、わたしはよくいっしょに、英語でちょっと変わった「色おに」をやりました。お母さんが色の名前を言って、子どもがその色のものをさがして見せるゲームです。

お父さん、おじいちゃん、おばあちゃんにも登場してもらって、家族全員でやると楽しいですね。

まずは、お父さんやお母さんが色を英語で言います。

Show me something red. （赤いものを見せて）

さあ、赤いものはなにかあった？　子どもが赤いものを見つけたら、次は青いもの。

Show me something blue. （青いものは？）

または"Can you find something blue?"と言うこともできます。
パパのきょうのパンツが青だって、覚えてたりして……

Part 2 カンタンにできる 英語あそびマニュアル

体を使って English

①Show me something red.
（赤いものを見せて）

②Here. This car is red.
（ほら、この車は赤いよ）

③Next, can you find something blue?
（次に青いものさがして）

④Your underpants are blue.
（パパのパンツが青）

16 ダンボールの箱を使って
In the box

大きめのダンボール箱あるでしょ。あれが意外と、いろんなおもちゃとして活躍するんですよね。

ままごとに使うテレビになったり、バスになったり。

ダンボール箱を使ってEnglish。場所を示すことばを覚えましょう。

箱のなかに入って、
"in the box"
と言います

なかから出てきて、
"out of the box"

ダンボール箱の下で
"under the box"

箱をぴょんとまたいで
"over the box"

箱の上に乗って
"on the box"

箱の前に立って
"in front of the box"

箱の横に立って
"next to the box"

Part 2 カンタンにできる 英語あそびマニュアル

体を使って English

①Ready?
（用意はいい？）
Let's go!
（さあ行こう！）

②I'm driving.
（運転中よ）

③This is fun!
（おもしろーい！）

④Look at that!
（あれを見て！）
The traffic light is red.
（信号が赤よ）

⑤Are we there yet?
（もう着いた？）

⑥Yes, we are here.
（着いたわ）
You can get out now.
（おりていいわよ）

ひと口メモ うちの下の子はすぐになんでもよじ登っていました。テーブル、テレビ、本棚……。そんなときは、"Get down!"（おりなさい！）

59

お絵かきやおもちゃでEnglish

17 ブロックを使って（色）
Go get the blocks.

子どもの大好きなブロックを使って、色を覚えます。
おもちゃ箱から、ブロックを持ってきてもらうところから英語で。

> **Go get the blocks.** （ブロック持ってきて）

さあ、持ってこれました？　次に床にブロックを広げて

> **Put them/the blocks on the floor.**
> （ブロックを床において）

はじめは床のブロックを、お母さんが色を英語で言いながらひろいます。

> **Yellow, blue, red...** （黄色、青、赤……）

子どもが色の名前を覚えたら、こんどは子どもにブロックをひろってもらいます。スーパーの袋を持ってひろったものを入れます。

> **Pick up the red blocks.** （赤のブロックをとって）

きょうだいがいたら、ブロックを床に広げて競争しながらやったほうがおもしろいけど、くれぐれもケンカにご注意！　さて、子どもにブロックでなにをつくったか聞いてみましょう。

> **What did you make?** （なにをつくった？）
> **(I made a) Giraffe.** （キリン）

ひと口メモ　「……を持ってきて」は "Go get..." がよく使われます。

Part 2 カンタンにできる 英語あそびマニュアル

お絵かきやおもちゃで English

① I want to play with blocks.
（ブロックであそびたーい）

② Mommy, I made a giraffe.
（ママ、キリンができた）

③ Let's learn colors using blocks.
（ブロックを使って、色のお勉強をしよう）

④ Red, yellow, blue, green…
（赤、黄、青、緑……）

ひと口メモ お母さんを呼ぶときの小さい子の「ママ」には、Mommy、Ma、Momなどがあります。Motherはちょっとあらたまった感じ。

61

18 ままごとを使って
Give me the cucumber.

ままごと用のプラスチック製の小さい野菜や果物が、おもちゃ屋さんにいろいろ売っています。セット売りがいいですね。わが家では、英語用に野菜や果物の安いままごとをひとそろい買っておきました。
さて、今回はお父さんが登場。
ままごとのおもちゃをいっぱい並べて

> **Give me the cucumber.** （キュウリをとって）

子どもがキュウリをとってお父さんに渡して、

> **Here you are.**
> （はい、どうぞ）
> **Thank you.** （ありがとう）
> **It looks yummy.** （おいしそう）

さて、次はテーブルのへりに一列に並べましょう。

> **Put the orange on the edge of the table.**
> （テーブルのへりにオレンジをおいて）

全部一列に並べたら、名前を英語で言えるかな？

> **Orange, pineapple, cabbage...**
> （オレンジ、パイナップル、キャベツ……）

Part 2 カンタンにできる 英語あそびマニュアル

ままごとの食べ物

WORDS

- tomato（トマト）
- grapes（ブドウ）
- onion（タマネギ）
- carrot（ニンジン）
- apple（リンゴ）
- orange（オレンジ）
- cabbage（キャベツ）
- eggplant（ナス）
- cherries（サクランボ）
- spinach（ホウレンソウ）
- mushroom（シイタケ）
- bananas（バナナ）

お絵かきやおもちゃで English

Give me the cucumber.
（キュウリをとってちょうだい）

Here you are.
（はい、どうぞ）

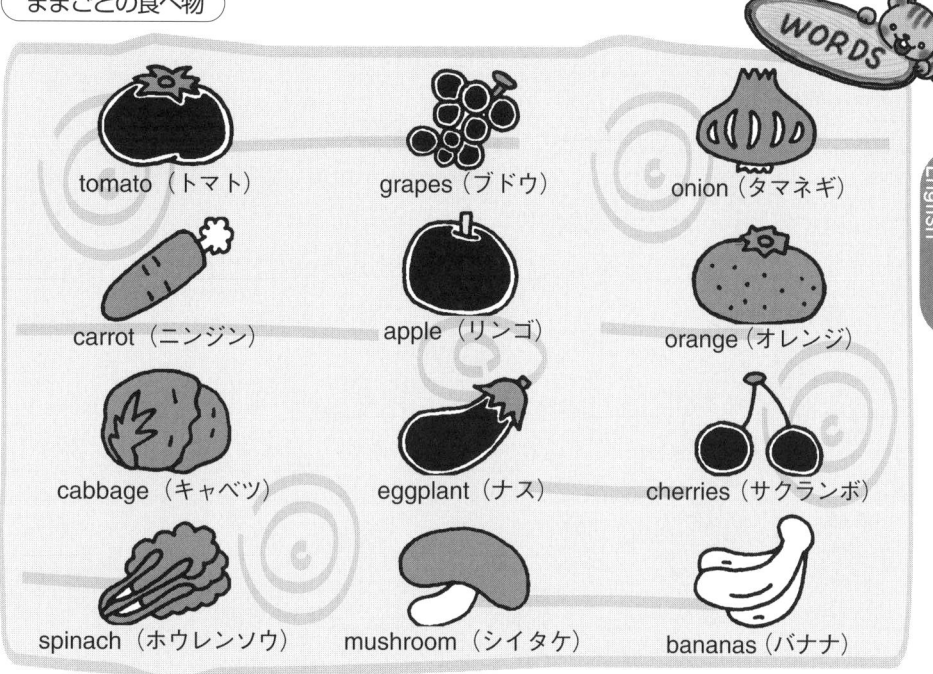

ひと口メモ いろいろな野菜のなかに、はじめからキュウリが1本だったら、"Give me the cucumber."に、キュウリが何本かあって、「1本ちょうだい」と言うときは、"Give me a cucumber."となります。

19 袋のなかになにがある？
Guess what is inside.

袋のなかに入っているものを、手でさわって当てるゲームです。お弁当袋なんかに使うきんちゃくの袋。これに、あらかじめままごとの野菜、果物、ミニカーなどを5～6個入れておきます（もちろん見つからないようにね）。
次に子どもに袋のなかに手を入れさせて、1つずつつかませ、なかから出さずになにかを当てさせます。

> **Put your hand into the bag. Don't take your hand out.**
> （手を袋のなかに入れて。とり出しちゃだめよ）
>
> **Melon?** （メロン？）

さて、当たったかな？　「もう一度やってごらん」と言うときは、

> **Try (it) again.** （もう1回）

野菜や果物のほかに、ミニチュアの動物のおもちゃやお菓子を入れてもいいですね。なにかなと思って袋からとり出して、突然、本物のキャンディーや人形が出てきたら、おもしろいですよね。

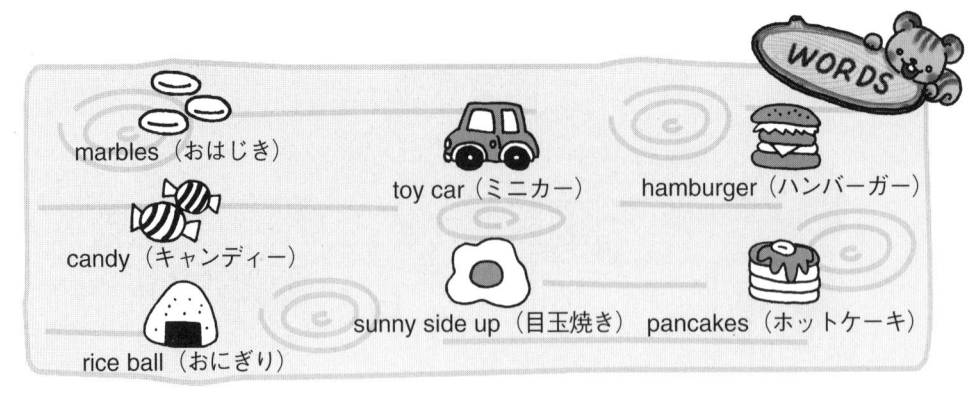

WORDS

- marbles （おはじき）
- toy car （ミニカー）
- hamburger （ハンバーガー）
- candy （キャンディー）
- sunny side up （目玉焼き）
- pancakes （ホットケーキ）
- rice ball （おにぎり）

Part 2　カンタンにできる　英語あそびマニュアル

①Put your hand into the bag.
（袋に手を入れて）
Guess what is inside.
（なかになにがあるかな？）

②Apple?
（リンゴかな？）

③Take it out.
（とり出してみて）

④I guessed it!
（思ったとおりだ！）

⑤You were right.
（当たり）
Let's play again.
（もう一度やってみよう）

お絵かきやおもちゃで English

ひと口メモ　袋のなかにおもちゃを入れるかわりに、子どもに目を閉じさせて（"Close your eyes."）、子どものポケットにそっとおもちゃを入れて、なにかを当てさせてもいいネ。

20 折り紙で形や色を覚えよう
What shape is this?

上の子が幼稚園のころ、折り紙が大好きで、チューリップ、風船、金魚と、いろいろ折ってわたしにプレゼントしてくれました。

さて、折り紙を折ったり切ったりしながらEnglish！　色や形を覚えましょう。

折り紙をとり出して、まず、なに色か聞いてみます。

①What color is this?
（これなに色？）

②Yellow.
（黄色）

③That's right.
（当たり）

④What shape is this?
（これどんな形？）

⑤Square.（四角）

さて、折り紙をいっしょに折ってみましょう。

①Fold it in half.
（半分に折って）
What shape is this?
（どんな形？）

②Rectangle.
（長四角）

③Fold it in half again.
/Fold it once more.
（もう一度半分に折って）
What shape do I have now?
（こんどはどんな形かな？）

> **ひと口メモ**　お母さんが折り紙を持ちながら聞くときには、"What shape is this?"　子どもが持っている折り紙についてお母さんが聞くときは、"What shape is that?" となります。

Part 2　カンタンにできる　英語あそびマニュアル

折り紙を使った、こんなゲームも。

①Fold the paper in half.
（折り紙を半分に折って）

②I'll cut out this shape.
（この形に切ると）

③Guess what this is.
（これなんだと思う？）

④A rabbit?
（ウサギ？）

⑤Open it.（開いて）
You were right.（当たり）

⑥Yeah!
（やった！）

ひと口メモ　上記は、折り紙を半分に折って絵や図形をかき、切り抜いて開いたときの形を想像するゲームです。

21 折り紙で大きさをくらべよう
Big, bigger, biggest

次は大きさくらべです。おやつの時間、同じようにおやつを分けても、2つのお皿のクッキーをじーっと見て、上の子が「あたしこっち」と言うと必ず下の子が、上の子のとったものを「あ・た・し・の！」って言って大ゲンカでした。

さて、大きさくらべを英語でやってみましょう。大きさの違う三角形を3つつくって、下の図のように並べて、指でさしながら言います。

Small, smaller, smallest.
（小さい、もっと小さい、いちばん小さい）

こんどは大きめの四角を3つつくって

big（大きい）　　bigger（もっと大きい）　　biggest（いちばん大きい）

長さもくらべてみましょう。長さの違う長方形やひもで、

long（長い）　　longer（もっと長い）　　longest（いちばん長い）

おたまじゃくしの絵で長さを比べてもいいですね。

short（短い）　　shorter（もっと短い）　　shortest（いちばん短い）

Part 2 カンタンにできる 英語あそびマニュアル

さて、こんどは小さい赤い三角形（ハートや星もかわいいね）を、右か左かどちらかの手に隠して持って、どっちの手に入っているか当てるゲームです（実はこれ、下の子が大好きなゲームでした）。

①Guess which hand the red triangle is in.
（どっちの手に赤い三角形が入ってると思う？）
Is it in this hand or this hand?
（こっちの手？　それともこっち？）

②This one.（こっち）
Show me.
（見せて）

③It's not here.
（こっちじゃないわ）

④Try again.
（もう一度やってみて）

> ひと口メモ　4コママンガの①の文をもっと簡単にすると、両手を出して"Which hand? In my left hand or my right hand?"（どっちの手？　左手？　右手？）となります。

22 クレヨン・絵の具で色を覚えちゃう
Pick up the red crayon.

さて、またまた、色のお勉強。カラフルなクレヨンや絵の具は、色の名前を覚えるのにぴったり。

まず、クレヨンの箱から、子どもにいろいろな色のクレヨンをとってもらいましょう。

> **Pick up the red crayon.** (赤のクレヨンとって)

子どもが赤のクレヨンをとったら

> **That's right. Put it down.** (いいわね。元に戻して)

もし間違えて青のクレヨンをとったら、

> **No. That's the blue crayon. Find the red one.**
> (ううん、それは青。赤のを見つけて)

さて、次は水彩絵の具でお絵かき。

ただし、これには周到な準備と覚悟が必要です。家じゅうに新聞紙を敷き詰め、あそび着を着せないと、もうメチャクチャ。うちは家じゅう絵の具だらけでした。でも、解放感がありましたよ。

では、絵の具で色をつくってお絵かきをします。

> **Mix red and yellow. You'll get orange.**
> (赤と黄色をまぜて。オレンジ色ができるわ)
> **Mix red and blue. You'll get purple.**
> (赤と青をまぜて。紫色になるね)

このほか、blueとwhiteでlight blue（水色）、greenとyellowでyellow green（黄緑）になります。

Part 2　カンタンにできる　英語あそびマニュアル

色を確認して、子どもに下のクレヨンに色をぬってもらいましょう。

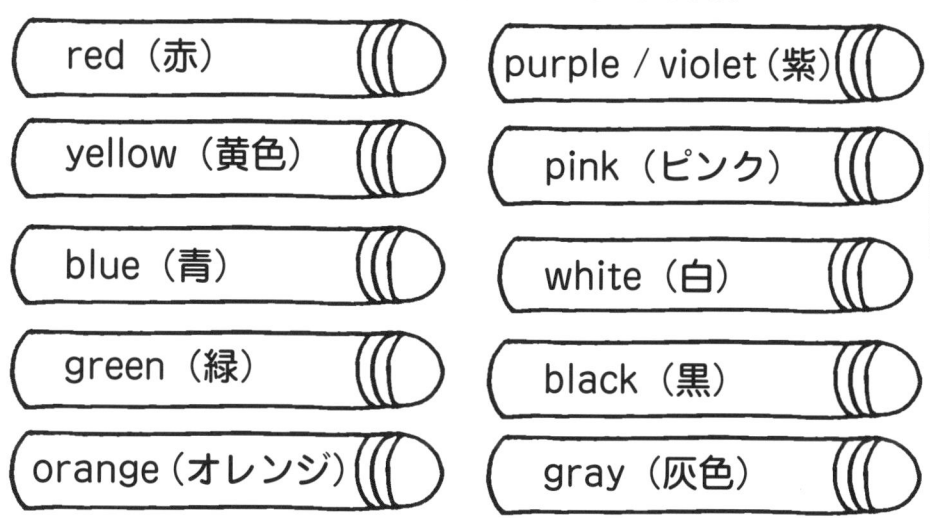

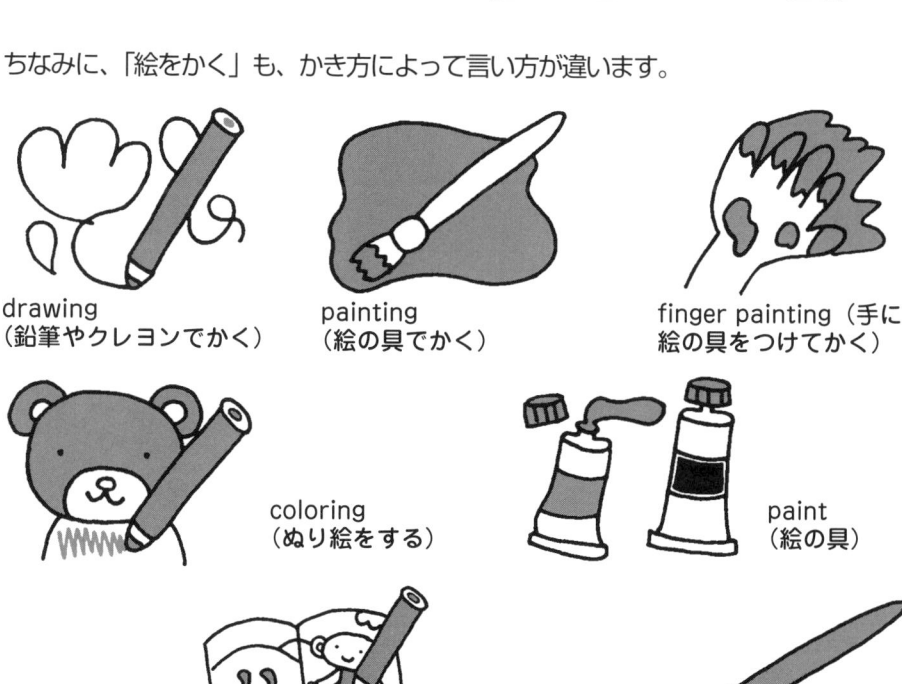

- red（赤）
- yellow（黄色）
- blue（青）
- green（緑）
- orange（オレンジ）
- purple / violet（紫）
- pink（ピンク）
- white（白）
- black（黒）
- gray（灰色）

ちなみに、「絵をかく」も、かき方によって言い方が違います。

drawing（鉛筆やクレヨンでかく）

painting（絵の具でかく）

finger painting（手に絵の具をつけてかく）

coloring（ぬり絵をする）

paint（絵の具）

coloring book（ぬり絵の本）

paintbrush（絵筆）

23 お絵かき（その1 動物）
Draw a head.

うちの子は1歳半くらいから、クレヨンや鉛筆でなぐりがきをはじめました。上の子は2歳になるとよくマルをたくさんかいて、わたしが「これなに？」って聞くと、「ワンワン」とか「ママ」とか……。うーん、なかなかの芸術家でした。いちばんはじめの絵らしきものが2人とも自分の顔。どっちも2歳くらいのときにかいたものです。なんかすっごくホワーンとした表情がとても似ていてびっくりしました。

さて、お絵かきも英語でやってみましょう。4～5歳くらいまでは、子どもが自分でうまくかけないかもしれないので、まずお母さんが英語で言いながらかいてあげてもいいでしょう。

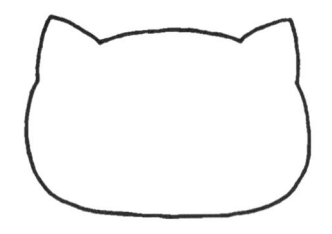

①Draw a head with pointed ears.
（とんがった耳の頭をかいて）

②Add eyes, a nose, and a mouth.
（目と鼻と口をかいて）

③Then, whiskers and a ribbon.
（それから、ひげとリボン）

おなじみ、ネコちゃんでした。

> **ひとロメモ** 長い文を英語で言うのはニガテ！ というお母さんなら、"Head."（頭）、"Eyes."（目）、"Ears."（耳）と、単語だけ言いながらかいていっては？

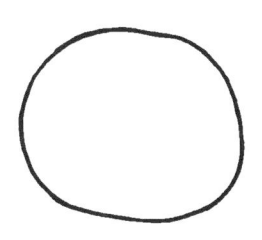

Part 2 カンタンにできる 英語あそびマニュアル

①Draw a circle.（マルをかいて）

②Add a trunk and eyes.
（鼻と目を加えて）

③Then, big ears. It's an elephant.
（そして大きい耳。ゾウさんです）

---

①Draw a head.（頭をかいて）

②Add eyes and a forked tongue.
（目とフォーク形の舌）

③Then, a wiggly body. It's a snake.
（くねくねの体。ヘビさんです）

24 お絵かき（その2 形や色、○○ちゃんをかく）
Pick up the pink crayon.

形（shapes）や色（colors）や体の部分（body parts）の名前も、お絵かきしながら覚えていきましょう。

①Pick up the pink crayon.
（ピンクのクレヨンとって）

②Draw two small circles.
（2個の小さなマルかいて）

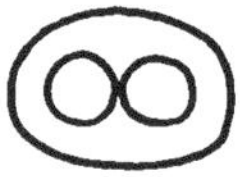

③A bigger circle around the smaller ones.
（2個の小さなマルの周りに大きめのマル）

④Draw two more small circles.
（もう2つ小さいマルかいて）

⑤A bigger circle for his face. Then ears. It's a pig.
（大きなマルの顔をかいて、そして耳、ブタさんです）

ひとロメモ はじめはお母さんが英語を言いながらかきます。子どもがかけるようになったら、お母さんが英語を言って子どもにかいてもらってもいいですネ。

Part 2 カンタンにできる 英語あそびマニュアル

次は子ども（もちろん、おたくの○○ちゃん、○○くん）をかいてみましょう。

①Draw eyes.
（目をかいて）

②Add a nose and a mouth.
（鼻と口を加えて）

③Draw her (his) head and ears.
（頭と耳をかいて）

④Draw some hair.
（髪の毛をかいて）

⑤Draw a blouse (or a shirt).
（ブラウスまたはシャツをかいて）

⑥A skirt (or pants) and legs.
（スカートまたはズボンと足）

⑦Draw hands, socks and shoes.
（手、くつ下、くつをかいて）
Who is this?
（これはだれ？）

ひとロメモ　女の子だったら her、男の子なら his にして言ってね。

25 お絵かき（その3 うれしい、悲しい） Angry!

次はお絵かきでいろいろな表情や感情の顔をかいてみましょう。"Angry."（怒ってる）って言いながら、お母さんが怒った顔を紙の上にかいていきます（ほんとうに怒りながらかくと、もっとリアル）。

ほかにもいろいろな表情、感情があります。

angry（怒ってる）　　　sad（悲しい）

scared（こわーい）　　　cold（寒ーい）

ひとロメモ　自分がこわがっているときは "I'm scared."（こわーい）。こわーいお面は a scary mask、こわーい話は a scary story と scary を使います。funny は「おかしな、ふざけた」という意味。

happy（幸せ） 　　　funny（おかしな）

crying（泣いている） 　　surprised（びっくり）

asleep（寝ている） 　　hot（暑ーい）

> **ひと口メモ** わたしは絵がへたなので、わたしが英語を言って子どもに angry や happy の顔をかいてもらいました。

26 おもちゃの携帯電話を使って
Hello. This is Mom speaking.

子どもは電話が大好きです。わたしの二人の娘も、受話器を持ったらはなさなかったものです。

今は携帯電話のおもちゃもあるし、携帯電話を新しい機種にしたときに、いらなくなったのを子どもに持たせてあげてもいいですね。その携帯電話を使って、お母さんやお父さんと電話で話すまねっこ。お友だちになったつもりで、あそぶ約束をしてみます。

> **Hello. This is Mom speaking.**
> (もしもし。こちらはママです)

ではじまって、

> **Good-bye. See you later.** (バイバイ。またね)

で終わります。

子どもにお母さん役、お父さん役になってもらってもいいですね。

楽しくなる演出は、どんどんしてください。着信音のまねをして言ったり、おじいちゃん、おばあちゃんのふりをして話してみたり、キャラクターのものまねをして話すのも楽しいです。

このほか、英語で名前を聞いたり、年を聞いたり、子どもが答えられる質問をしてみましょう。

Part 2 カンタンにできる 英語あそびマニュアル

お絵かきやおもちゃで English

①Hello.
（もしもし）
Can I speak to Ayaka?
（あやかちゃんと話したいんだけど）

②Yes.
（はーい）
It's me.
（あたし）

③Can you come to my house and play?
（わたしの家にあそびにこない？）

④Sure.
（うん）

⑤At what time?
（なん時にする？）

⑥2 o'clock.
（2時）

⑦That's fine.
（いいわ）
See you then.
（またね）
Good-bye.
（バイバイ）

> **ひと口メモ** わが家の子どもたちが小さいころは、おもちゃの電話を2つ使って、少しはなれたところでこの電話ごっこをしました。

切ったり、はったり、工作でEnglish

27 チラシやカタログを切り抜いて
（その1 お店屋さんをつくろう）

ままごと気分でEnglish。スーパーのチラシを切り抜いて画用紙にはって、お店屋さんをつくりましょう。絵がじょうずでなくても、チラシやカタログを切り抜く方法ならOKです。

カラー刷りのスーパーやデパートのチラシやカタログを使います。

チラシの野菜やお肉は写真だから、すごくリアルできれいです。これを切り抜いて画用紙にはって、supermarket（スーパーマーケット）をつくりましょう。しかけ絵本っぽくちょっとひと工夫。

用意するもの　はさみ、画用紙(四つ切りの半分くらい)2枚、セロハンテープ、のり

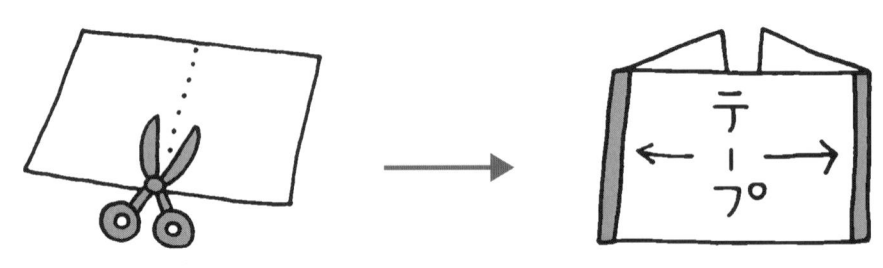

1枚の画用紙の中央を切る

切った画用紙を、もう1枚の画用紙にはる

開いてなかにチラシから切り抜いたものをはる

くつのチラシだったらshoe shop（くつ屋）、家具のチラシだったらfurniture store（家具屋）ができますね。

Part 2 カンタンにできる 英語あそびマニュアル

切ったり、はったり、工作でEnglish

① Cut out the apples.
（リンゴを切り抜いて）

② Paste them on the paper. Cut out the cookies and paste them.（紙の上にはって。クッキーを切ってはって）

③ My supermarket!
（ぼくのスーパーマーケット！）

④ I'm finished!
（できた！）

⑤ Good job!
（じょうず！）

> **ひと口メモ** おやつはスナック菓子だけでなくアメやリンゴもsnackといい、おやつの時間はsnack timeと言います。

81

28 チラシやカタログを切り抜いて（その2 スーパーマーケットをつくろう）

前のページで紹介したチラシやカタログを切り抜いてつくるスーパーマーケット、子どもが4～5歳で、工作もじょうずにできるようなら、もっと大きなものをつくりましょう。わが家では、チラシを切り抜いてはったものの下に、単語のつづりをかき込んだり、子どもに"How much is this?"（これいくら？）と聞いて値段をかいたりしてsupermarketをつくりました（右ページ参照）。

ところで輸入のピクチャーディクショナリー（絵辞典）を見ていると、食べ物の文化の違いを知ることができておもしろいですよ。

さて、チラシから切り抜いた食べ物は、右ページのようにカテゴリーを分類してはります。値段は子どもに聞いてかきます。

> **How much are these oranges?**
> （このオレンジいくら？）
> **50 yen.**
> （50円）

上の子が3歳くらいのとき、なんの値段を聞いても"10 yen."（10円）。10円均一のスーパーでした。

スーパーマーケットができ上がったら、

> **We are shopping for groceries.**
> **What are you going to buy?**
> （食料品のお買い物、なにを買う？）
> **Ice cream, chocolate, candy...**
> （アイスクリーム、チョコレート、キャンディー……）

おやおや、いつもだめ！って言われているものばかり。

Part 2 カンタンにできる 英語あそびマニュアル

切ったり、はったり、工作でEnglish

Fruit
- grapefruit 10 YEN
- bananas 10 YEN

Vegetables
- carrot 50 YEN
- lettuce 50 YEN

Meat
- hamburger meat 100 YEN
- chicken 500 YEN
- Sale

Baked Goods
- bread 50 YEN
- cake 100 YEN

Canned Goods
- tuna 100 YEN
- soup 100 YEN

Paper Products
- tissues 100 YEN
- toilet paper 10 YEN

Dairy Products
- milk 50 YEN
- eggs 30 YEN

Frozen Foods
- pizza 100 YEN

> ひと口メモ　ティッシュペーパーはtissue(s)と言います。tissue paperと言うと、「薄紙」のこと。

83

29 チラシやカタログを切り抜いて(その3 わたしの部屋)
Cut out the coffee table.

次は通販のカタログや雑誌、家具のチラシから、たんす、いす、ベッドを切り抜いて、紙にはって、dining room（食堂）、kitchen（台所）など部屋をつくります。
画用紙に図のように、雑誌などから切り抜いたものをはっていきます。

> **Cut out the coffee table and paste it on the paper.** （テーブルを切って紙の上にはって）

電化製品のチラシからは、television（テレビ）、air conditioner（エアコン）、telephone（電話）、vacuum cleaner（掃除機）なども切り抜いてはります。
足りないものは、かき加えて。たとえば window（窓）、door（ドア）、plant（植物）など。
え！ わが家はこんなにきれいじゃないです……か？ では garbage（ごみ）、trash（ごみ）、dust（ほこり）もかいて。
でき上がったら、

> **I'm finished.** （できた）

と言います。

ひとロメモ 通販のカタログ雑誌はいろいろなものを切り抜いてはるのに便利。期限切れのものをとっておくといいですよ。

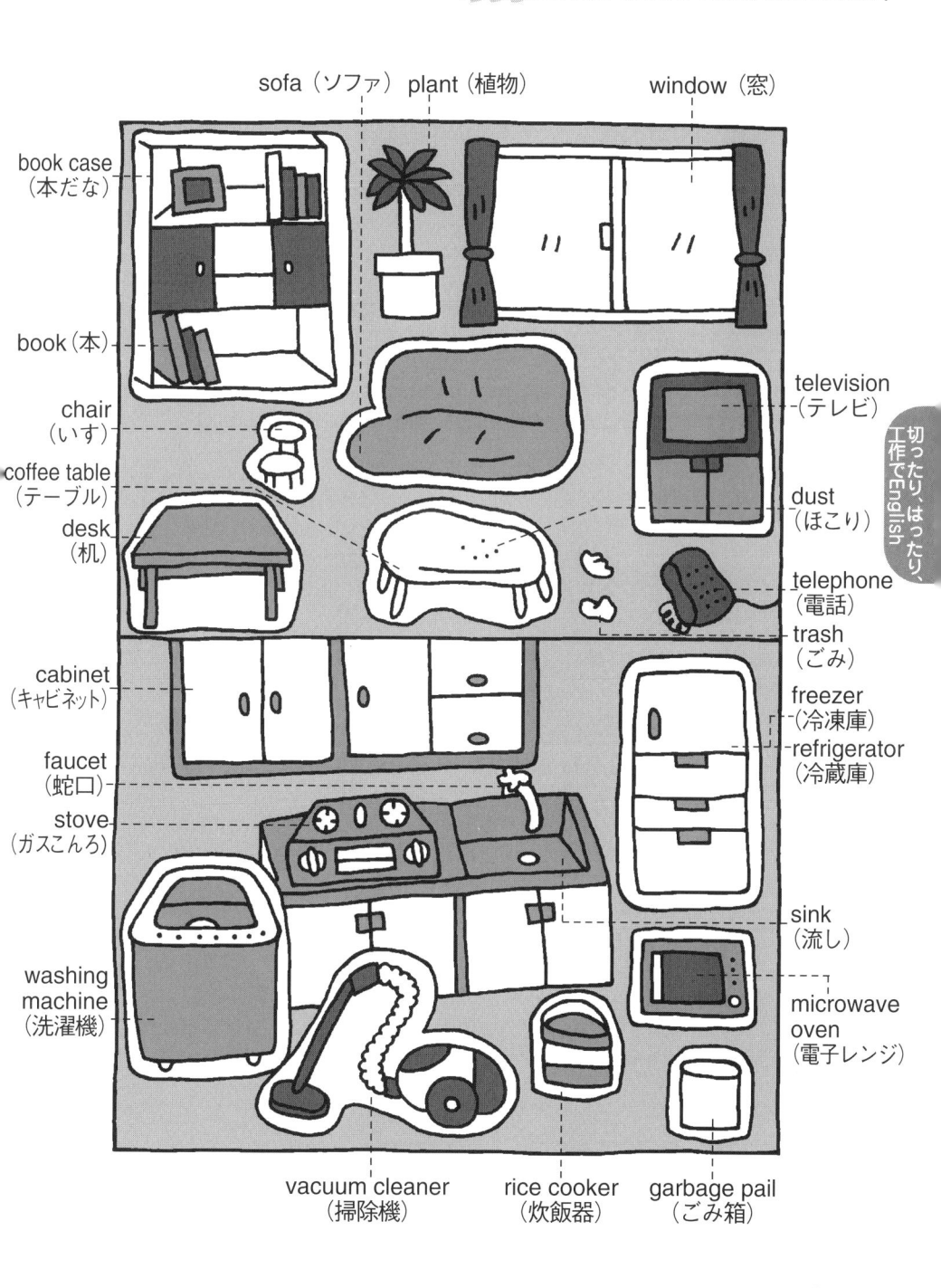

Part 2　カンタンにできる　英語あそびマニュアル

- book case（本だな）
- book（本）
- chair（いす）
- coffee table（テーブル）
- desk（机）
- sofa（ソファ）
- plant（植物）
- window（窓）
- television（テレビ）
- dust（ほこり）
- telephone（電話）
- trash（ごみ）
- cabinet（キャビネット）
- faucet（蛇口）
- stove（ガスこんろ）
- washing machine（洗濯機）
- freezer（冷凍庫）
- refrigerator（冷蔵庫）
- sink（流し）
- microwave oven（電子レンジ）
- vacuum cleaner（掃除機）
- rice cooker（炊飯器）
- garbage pail（ごみ箱）

切ったり、はったり、工作でEnglish

30 ままごとを英語でやってみよう！
Meat, please.

女の子ってままごとだーい好き！です。上の子の幼稚園時代は、毎日がおままごと一色って感じでした。友達が2〜3人あそびに来ると、さっそくままごとをしていました。

さて、ボキャブラリーをふやすため、おもちゃのままごとだけでなくて、チラシやカタログの切り抜き（pp. 80〜85参照）も使って、ままごとをやってみましょう。

野菜や果物だけでなくて、歯ブラシとか、ティッシュとか、やかん、おなべとか日常生活の品物もチラシやカタログから切り抜いて使います。画用紙にはって切り抜くと、なん度も使えます。

切り抜いたものを机に並べて、お買い物のままごとをしましょう。

> Meat, please.
> （お肉ちょうだい）
>
> Here you are.
> （どうぞ）
>
> Thank you. This looks delicious.
> （ありがとう、おいしそうね）

もし、おなべを買うなら

> A saucepan, please. （おなべちょうだい）
> How much is it? （いくら？）
>
> 100 yen. （100円）
>
> Thank you. （ありがとう）

Part 2 カンタンにできる 英語あそびマニュアル

Apple, please.
(リンゴちょうだい)

Here you are.
(はい)

Thank you.
(ありがとう)

Crunch, crunch...
(カリカリ……)

切ったり、はったり、工作でEnglish

WORDS

- kettle(やかん)
- white bread(食パン)
- cereal(シリアル)
- pot(なべ)
- canned food(缶詰)
- pudding(プリン)
- rolls(ロールパン)
- butter(バター)
- frying pan(フライパン)
- yogurt(ヨーグルト)
- toothbrush(歯ブラシ)
- glass(グラス)

31 くじ引きであそぼう
Take a strip.

昔、小さいころ（もうずいぶん昔のことだけれど）、駄菓子屋さんにくじ引きがありました（学校の近くなんかにあって、エプロンをしたおばあちゃんが奥から出てくる感じの駄菓子屋さん……ああ、なつかしいなあ）。
このくじを英語でやってみましょう。

①白い紙を細長く切って、

②片側の下の端のほうに絵をかいておきます。当たりのものには、当たりシールなどをはっておきます（右ページ参照）。

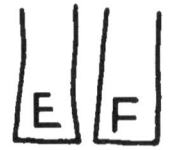

③②の絵のかわりにアルファベットをかきます。アルファベットを覚えはじめたころ、子どもに引いて読ませました。

④くじが完成したら、まず、お母さんが、下のほうが見えないように握って子どもに引かせて、くじの下の端にかいてある絵やアルファベットを英語で子どもに言ってもらいましょう。

> **Take a strip.** （1つ引いて）
> **What did you get?** （なにとった？）
> **Dog!** （イヌ！）

このほかにメモにアルファベットや絵をかいて、小さく折りたたんでティッシュの空箱に入れておいて、くじ引きをしても楽しいです。とり出して単語やアルファベットを言えたらそのくじはもらえます。

Part 2 カンタンにできる 英語あそびマニュアル

切ったり、はったり、工作でEnglish

① Take a strip.
（1つ引いて）

② What did you get?
（なにとった？）

③ Apple.
（リンゴ）

④ That's right.
（ピンポン！）
Take another one.
（もう1本引いて）

⑤ OK!
（わかった！）

くじの下端の絵のところに、かわいいシールをはって「当たり」をつくっておくともっと楽しいね。

ここにシールをはる

⑥ あ、Dog! 当たりだ！

> ひと口メモ　"What did you get?"（なにとった？）のほかに "What's that?"（それなに？）も使えます。

89

32 洗濯物を干す
Hang your clothes on the line.

子どもって洗濯物を干したり、とりいれたり、やりたがりますよね。下の子なんてわたしが洗濯物を干し終わったとたん「もゆちゃんがやる」と言い出してきかず、干したばかりの洗濯物を引きずりおろして大変でした。
さて、工作で洗濯物を干しましょう。

用意するもの ひも (string)、毛糸 (yarn)、画用紙 (construction paper)、折り紙 (colored paper)、はさみ (scissors)、のり (glue)、セロハンテープ (tape)、クレヨン (crayon)、マーカー (colored marker)

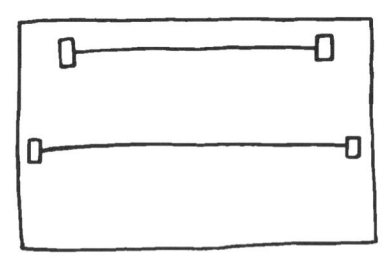

画用紙に毛糸をはって、物干しのロープにします。
Stretch out the yarn and tape at both ends.
（毛糸を伸ばして、両端をテープでとめる）

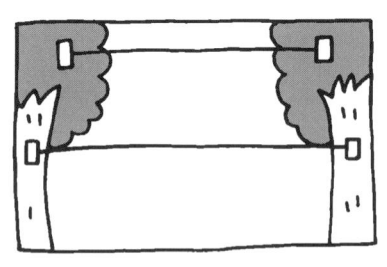

Draw a tree on both sides.
（両側に木をかく）
木の間に洗濯物を干すロープをはった感じにします。

折り紙を中表にして折って、洋服の絵をかきます。

Draw a T-shirt.
（Tシャツをかく）

Cut it out.
（切り抜く）

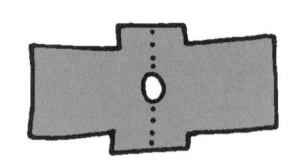

Turn it over.
（表に返す）

ひと口メモ 用意するものも英語で言いながらそろえるといいですね。たとえば "Scissors, glue…"（はさみ、のり……）と言いながら、テーブルの上においていきます。

Part 2 カンタンにできる 英語あそびマニュアル

折り紙でつくった服を毛糸のロープに干します。

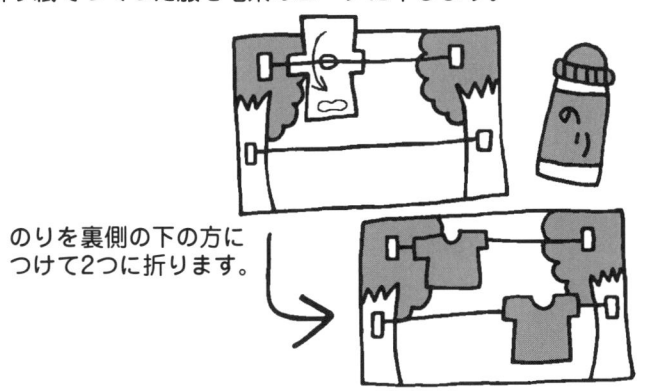

のりを裏側の下の方に
つけて2つに折ります。

Hang your clothes on the line.
（衣類を物干しロープに干して）

Paste the bottom of the clothes.
（衣類の下にのりをつけて）

We're finished.（できた）

WORDS

- pajama top（パジャマの上）
- pajama bottom（パジャマの下）
- undershirt（下着のシャツ）
- underpants（パンツ）
- jacket（上着）
- blouse（ブラウス）
- dress（ワンピース）
- shorts（半ズボン）
- pants（ズボン）
- skirt（スカート）
- socks（くつ下）

切ったり、はったり、工作でEnglish

ひとロメモ パジャマの上下はpajamaではなく、pajamasと複数形になります。上着とズボンのセットだからなのです。

33 地図をかこう
Draw a road.

さて、簡単な地図をかいてみましょう。もちろん英語でね。
大きな模造紙、包装紙や、ダンボール箱を開いたものなどを床に広げてかきましょう。

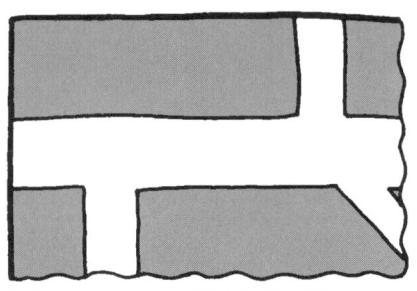

① Draw a road.（道路をかいて）

② Let's draw a house and some trees next to it.（家と木をかこう）

③ Let's draw a park.
（公園をかこう）
In the park there is a swing, a slide, and a jungle gym.
（公園には、ブランコ、滑り台、ジャングルジム）

④ And draw a traffic signal on the road.
（そして道路に信号機をかいて）
Add a hospital.（病院もね）

さて、地図ができたら、ミニカーを地図の上で走らせてあそばせたり、人形を地図の上におくと楽しいですね。

Part 2 カンタンにできる 英語あそびマニュアル

切ったり、はったり、工作でEnglish

① Let's play with our dolls on the map.
（地図の上でお人形であそぼうネ）

② Hello.
（こんにちは）

③ Hello.
（こんにちは）

④ Let's drive on the map.
（地図の上でドライブしよう）

⑤ This is fun.
（おもしろーい）

> **ひと口メモ** わが家では、地図のほかに模造紙の上に海をかいて、starfish（ヒトデ）や、shell（貝）、octopus（タコ）など、いろいろかきました。

34 「ABC Book」をつくろう
Which words start with the letter A?

子どもといっしょにオリジナルのかわいい本をつくりましょう。製本テープ（大きな文房具屋さんやネットショップで売っています）を使うと、ずっと本らしくなります。ひと工夫して、しかけ絵本にしては？

用意するもの　白い紙、ホチキス、製本テープ、セロハンテープ、マーカー

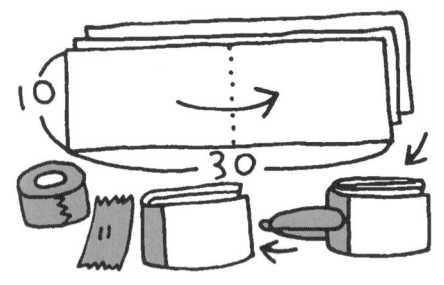

①白い紙を切って、10センチ×30センチの長方形を7枚用意します。半分に折ってホチキスでとめ、製本テープをはります。
＊画用紙だと厚すぎます。

②7センチ×7センチくらいの紙を26枚用意して、1ページに1枚ずつはっていきます。セロハンテープで、横のところだけをとめてください。そして、はった紙の表にアルファベットをかいていきます。

③次に紙をめくって、そのなかにそのアルファベットではじまる単語の絵をかいていきます。

④表紙には子どもの好きな絵をかいてもらいます。

たとえばCなら cat（ネコ）や corn（トウモロコシ）の絵をかけばいいですね。全部いっぺんにつくるのは大変なので、わたしはなん回かに分けてつくりました。
「ABC Book」ができたらいっしょに読みましょう。
"A is for apple, angel…" と、最初はお母さんが読んであげて。子どもが単語を覚えたら、"Which words start with the letter A?"（Aではじまる単語はなに？）と聞いてみましょう。

Part 2 カンタンにできる 英語あそびマニュアル

①Which words start with the letter C?
（Cではじまる単語はなに？）

②Cat, cake, carrot, candy...
（ネコ、ケーキ、にんじん、キャンディー……）

③Do you remember which words start with the letter C?（Cではじまる単語はなにか、覚えてる？）

④Candy, cat?
（キャンディー、ネコ？）

⑤Mommy, open it.
（ママ、開けて）

切ったり、はったり、工作でEnglish

> **ひと口メモ**　「Aはなに？」「Bは？」と聞くとき、文中の表現以外に、"A is for...?" "B is for...?"でもいいですね。

35 反対ことばの本をつくろう
Big, small

「ABC Book」の次は反対ことば（opposites）の本をつくってみましょう。子どもとお母さんそれぞれ別々に自分のミニ絵本をつくるといいですね。表紙にOpposites（反対ことば）と題名をかきます。見開き2ページの左右それぞれに、反対ことばの絵をかいて、単語のスペルもかきましょう（本のつくり方は、p. 94を参照）。

left
（左）

right
（右）

open
（開いている）

closed
（閉じている）

over
（上へ）

under
（下に）

dirty
（きたない）

clean
（きれい）

Part 2 カンタンにできる 英語あそびマニュアル

できあがったら、いっしょに読んでみましょう。

> Left, right, open, closed, over, under...
> （左、右、開いている、閉じている、上へ、下に……）

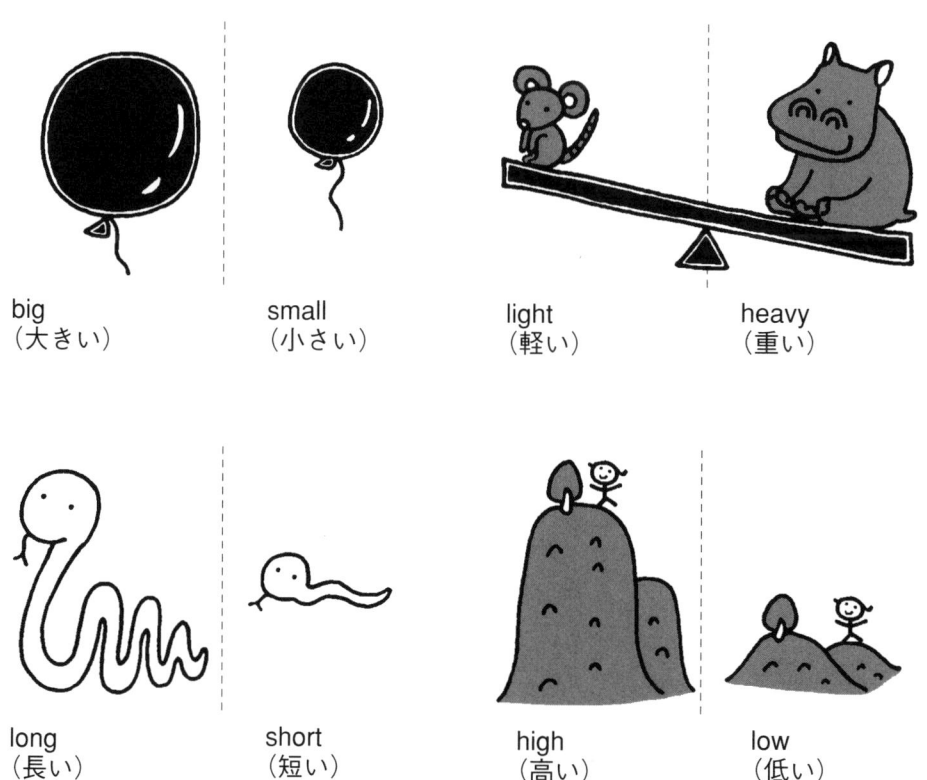

big
（大きい）

small
（小さい）

light
（軽い）

heavy
（重い）

long
（長い）

short
（短い）

high
（高い）

low
（低い）

ひと口メモ 本は白い紙だけでなく、ピンクやブルーの紙を使ってもすてき！

36 クリスマスカード（その1 クリスマスの飾り）
Christmas Cards

クリスマスの時期に手芸店に行くと、すてきなクリスマスの布地がいっぱいです。わたしはこれでナプキンやバッグ、お弁当入れ、小さい人形、いろいろつくりました。わたしの手づくりのものを全部身につけて、子どもたちは歩くクリスマス人間！
あまったクリスマス用の布地も、あまりにもかわいくて捨てるのがもったいないので、ベルやクマさんなどを一つ一つピンキングばさみ（ギザギザに切れるはさみ）で切りとり、子どもに"What's this?"（これなに？）などと聞いて、単語の勉強に使いました。

用意するもの　クリスマス柄のプリント布、赤や緑の無地布、ピンキングばさみ、コットン

Christmas stocking（クリスマスくつ下）

candy cane（キャンディーのつえ）

star（星）

gingerbread man（ジンジャーブレッドマン）

reindeer（トナカイ）

Santa Claus（サンタクロース）

snowman（雪だるま）

holly（ひいらぎ）

ひと口メモ　gingerbread man（ジンジャーブレッドマン）は人の形をしたしょうが入りのクリスマスのクッキーです。

Part 2 カンタンにできる 英語あそびマニュアル

candy
（キャンディー）

Christmas present
（クリスマスの贈り物）

このほかにも

ブーツの形に切った赤い布にコットンをはると、サンタのブーツに

丸い形に切った赤い布に、はっぱ型に切った緑の布をはると、リンゴに見えます

切ったり、はったり、工作でEnglish

「クリスマスの用意をする」はget ready for Christmas。
これらの切りとった小さな布地を、画用紙を切ってつくったカードにのりやボンドではって、クリスマスカードをつくります。Merry Christmas!（メリークリスマス！）とか Happy holidays!（楽しい休日を！）などキラキラペンでかき入れてね！ 大きめの星形のスパンコールを両面テープではってもいいですね。

用意するもの　　画用紙、のりまたはボンド、キラキラペン、スパンコール

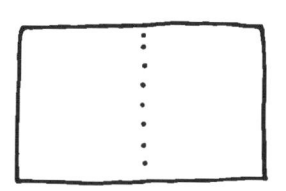

画用紙を2つに折る

ピンキングばさみで切った布をはる

キラキラペンなどで文字をかく

キラキラペンは、ラメの入ったのりのような液が出て、乾くとラメだけが残ります。大きな文房具店や手芸店をのぞいてみてくださいね。

ひと口メモ　カードに使う紙は、文房具店で買った工作用のクラフト紙にすると、ずっとステキ。かき入れる文字も、金や銀のラメの粉が入ったペンを使うとクリスマスっぽくなります。

37 クリスマスカード（その2 ポップアップカード）
Draw one side of a Christmas tree.

11月になるともう町はクリスマスの装い。デパートには、クリスマスのかわいいオーナメントや小物がいっぱい。ジングルベルの音楽に誘われ、ショッピングへ！
ところが、下の子を連れていると楽しいショッピングが恐怖のショッピングに？！飾ってあるサンタクロースや、キャンドルや、キラキラしたガラスの飾り物にさわってヒヤヒヤものでした。
さて、クリスマスツリーのポップアップカードをつくりましょう。フェルト（裏面が接着シールのもの）の裏側にオーナメントの形をかいて切り抜いて、画用紙のカードにはります。

用意するもの　緑の画用紙、裏が接着シールのフェルト（赤・黄・白・茶）、キラキラペン

WORDS

candy cane（キャンディーのつえ）

gingerbread man（ジンジャーブレッドマン）

snowflake（雪の結晶）

star（星）

Christmas stocking（クリスマスくつ下）

candy（キャンディー）

ポップアップのクリスマスカードのつくり方

① Fold the green construction paper in half.（緑の画用紙を半分に折って）
Draw one side of a Christmas tree.
（クリスマスツリーの片側をかいて）
Cut it out.（切り抜いて）

② Fold the top down like this.
（上の部分をこんなふうに折って）

③ Press down hard on the folded edge.
（折り目をしっかりとつけて押さえて）

④ Open the card again. Fold the top diagonally back into the card.（カードを開いて、上の部分を斜めにカードのなかに折り込んで）

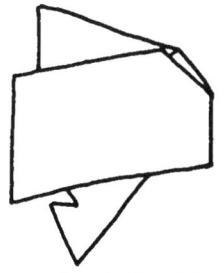

⑤ It should look like this.
（そうするとこんな感じ）
Open the card.
（カードを開いて）

⑥ Put the ornaments on the card.
（オーナメントをはって）
The pop-up card is finished.
（ポップアップカードのできあがり）

p. 180に①で使う型紙を用意しました。コピーして切りとって、使ってみてください。

家事や料理でEnglish

38 洗濯物をたたみながら、これだれの？
Whose underpants are these?

娘が1歳半か、2歳くらいのときのこと、わたしがとり込んだパンツやシャツをつまんで「これ、ママの」とか、「もゆちゃんの」と一つ一つだれのものか分けていました。

このくらいの年齢って、「だれのもの」ってことが気になって、すごくこだわるんです。下の子のお茶わんをお姉ちゃんが使ったりすると「あたしの、あたしの」と大騒ぎ。そこで "Whose is this?"（これだれの？）ゲーム。

はじめはお母さんが、洗濯物をたたみながら、"This is your daddy's."（これお父さんの）とか "This is mine."（これママの）、"This is Ayaka's."（これ、あやかのもの）とか言ってあげてね。そして、洗濯物のなかからパンツをとり出して、

> **Whose underpants are these?**
> （これだれのパンツ？）
>
> **They're mine.**
> （あたしの）

もし、子どもが言えないときは、お母さんが、

> **You say, "They're mine."**
> （「わたしの／ぼくの」って言うのよ）

と言って教えてあげます。

ひと口メモ underpants（パンツ）やshorts（半ズボン）などは、足が2本入るところがあることから、常に複数で使います（p.91参照）。

Part 2 カンタンにできる 英語あそびマニュアル

① Whose underpants are these?
（これだれのパンツ？）

② They're mine.
（あたしの）

③ Whose trunks are these?
（だれのトランクス？）

④ They're mine.
（おれの）

家事や料理で English

ひとロメモ　シャツ（a shirt）や、スカート（a skirt）など、複数で言わないものは、"It's mine."（わたしの）となります。

39 冷蔵庫のなかをのぞいてみると
Open the refrigerator.

refrigerator（冷蔵庫）は単語の玉手箱。
娘は2人とも2歳のころ、わたしがドアをあけると走り寄ってきて、なかをのぞき込んで「これ、なに？」と冷蔵庫のなかのものを全部聞きました。

ある日、わたしが料理をはじめようと、野菜室を引き出すと、ナ！ナント、びっくり。キュウリやレタスの間に、冷えきったおもちゃの人形やミニカーが入っていたのです。もちろん、犯人は娘。きっと冷蔵庫は、自分のたいせつなものをしまっておく場所だと思ったらしく、その後なん度か冷えきったおもちゃが発見されました。
さて、冷蔵庫のなかを子どもといっしょにのぞいてEnglish。

> Open the refrigerator door and see what's inside. What do you see?
> （冷蔵庫のドアをあけて、なかを見て。なにが見える？）
>
> Pudding.
> （プリン）
>
> Take the pudding out of the refrigerator. Close the door.
> （プリンを冷蔵庫から出して。ドアを閉めて）

. Part 2 カンタンにできる 英語あそびマニュアル.

- frozen food（冷凍食品）
- crab（カニ）
- cuttlefish（イカ）
- octopus（タコ）
- lobster（伊勢エビ）
- ice cream（アイス）
- shrimp（エビ）
- fish（魚）
- meat（肉）
- eggs（卵）
- tofu（とうふ）
- yogurt（ヨーグルト）
- eggplant（ナス）
- spinach（ホウレンソウ）
- milk（ミルク）
- juice（ジュース）
- tomato（トマト）
- pickled radish（漬け物）
  （アメリカではpicklesとは酢漬けのこと）
- mushroom（シイタケ）
- carrot（ニンジン）
- daikon radish（ダイコン）
- cabbage（キャベツ）

家事や料理でEnglish

ひと口メモ　冷凍庫はfreezer、冷蔵庫はrefrigerator。

105

40 スーパーで買い物して帰ってきたら
Put the ham in the refrigerator.

子どもって驚くほど、物がしまってある場所を知ってるんですよ。
特にお菓子の隠し場所なんて、しっかり頭にインプットされてます。1回見つけてお菓子の袋を握ったら最後、絶対に離さない。
さてさて、スーパーから帰ってきたら、買ってきたものをしまうのを、手伝ってもらいましょう。

> **Help me put the groceries away.**
> (食料品を片づけるのを手伝って)
> **Put the milk in the refrigerator.**
> (牛乳を冷蔵庫に入れて)
> **Put the potatoes in the box for me.**
> (じゃがいもを箱に入れて)

ここで "OK." "I will."と返事するはずだけど、そんなすなおな子は現実にはいないのです。だいたい「やーだ」"I don't want to."が返ってきます。
さて、料理をはじめる前に、こんどは野菜を持ってきてもらいましょう。

> **Open the refrigerator door and take out three tomatoes.**
> (冷蔵庫を開けて、トマトを3個出してきて)

ちょっとこの英語長くてムムムムと思う人は、

> **Can you get three tomatoes for me?**
> (トマトを3個とってくれる？)

でもOK。

Part 2 カンタンにできる 英語あそびマニュアル

①Put the ham in the refrigerator.
（ハムを冷蔵庫に入れて）

②No. Not in the shoe closet.
（だめ、くつ箱じゃないわ）

③Put the apples in the fruit basket.
（リンゴを果物のバスケットに入れて）

④OK!
（いいよ！）

⑤What are you doing?
（なにしてるの？）

家事や料理で English

41 待ってました……おやつの時間
It's snack time.

さあ、楽しいsnack time（おやつの時間）です。
動物クッキーや動物ビスケットは、動物の名前を覚えるのにピッタリ。ネコのクッキーをとって、聞きます。

> **What's this?**
> （これ、なに？）
> **Cat.** （ネコちゃん）

さあ、食べます。

> **I ate the cat cookie.**
> （ネコのクッキーもぐもぐ）
> **I ate the rabbit cookie**(ウサギ)**, the elephant cookie**(ゾウ)**, the bear cookie**(クマ)**, the giraffe cookie**(キリン)**, the goat cookie**(ヤギ)**, the snake cookie**(ヘビ)**, the dog cookie**(イヌ)**, the tiger cookie**(トラ)**, and the mouse cookie**(ネズミ)**.**

モグモグ……あらら、食べ過ぎにご用心。
上の子が１個のクッキーをゆっくり大事に食べている間に、下の子は次々と6個も7個もパクパク……あっという間にお皿はからっぽ。そして、隣のお姉ちゃんのお皿へ手がスーッと伸びて、「あ！」と思った瞬間にパックンチョ。すごい早わざでした。そのあとは大ゲンカ。どこのおうちも同じですね。

Part 2　カンタンにできる　英語あそびマニュアル

① It's snack time.
（おやつの時間よ）

② Mmm. Cookies!
（うーん、クッキーだ！）

③ What's this?
（これなに？）

④ Cat.
（ネコ）

⑤ I ate the cat cookie, the rabbit cookie, and the bear cookie.
（ネコ、ウサギ、クマさんのクッキー食べちゃった）

⑥ I want more.
（もっとちょうだい）

⑦ No. These are mine.
（だめ。これあたしの）

家事や料理で English

109

42 料理をいっしょにやってみよう（その1 パンケーキ）
Flip it until it's done.

子どもといっしょにパンケーキをホットプレートで焼いてみましょう。たねを流してプツ、プツ穴ができるのを観察するのっておもしろいですよね。

「さて、準備も英語で……」なんて張り切ってはじめるとムム……わかんないぞ（沈黙）……。となってしまうので、材料の名前だけ英語でやるといいです。わたしの経験では、はじめから英語で全部やろうとすると頭が真っ白になって、塩と砂糖をまちがえたり、やけどしそうになったり、もう大変です。

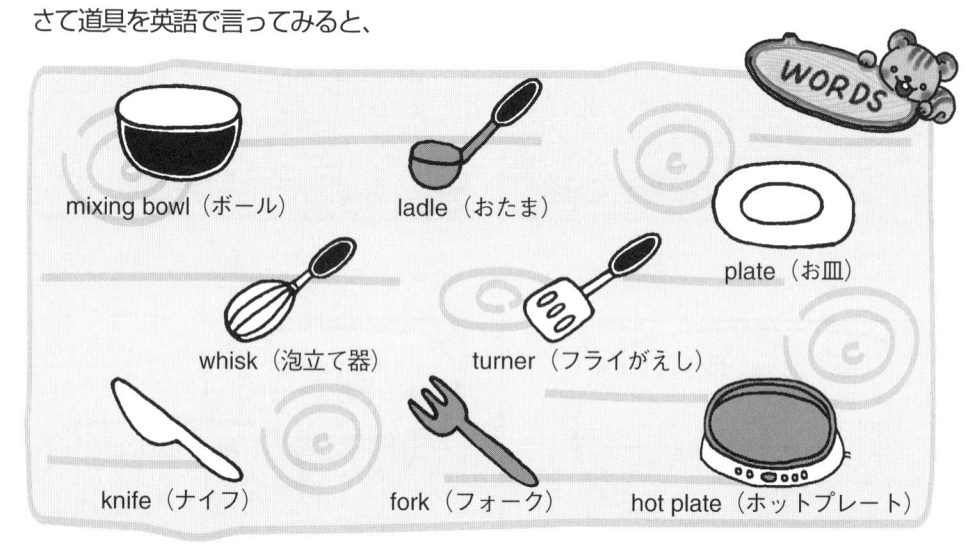

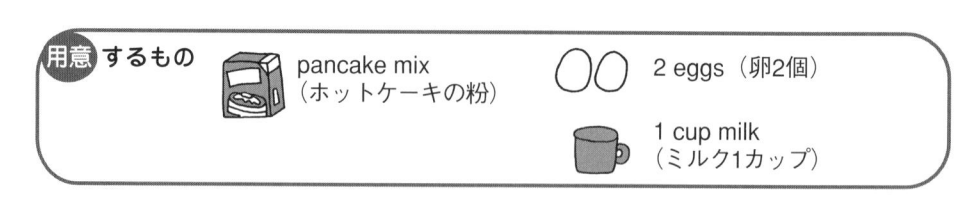

さて道具を英語で言ってみると、

WORDS

- mixing bowl（ボール）
- ladle（おたま）
- plate（お皿）
- whisk（泡立て器）
- turner（フライがえし）
- knife（ナイフ）
- fork（フォーク）
- hot plate（ホットプレート）

用意するもの
- pancake mix（ホットケーキの粉）
- 2 eggs（卵2個）
- 1 cup milk（ミルク1カップ）

わが家では、パンケーキの牛乳の量を減らし、じゃがいも2個分またはにんじん1本分をすりおろして入れて、ヘルシーにしています。

Part 2　カンタンにできる　英語あそびマニュアル

～Let's make pancakes.～
パンケーキをつくろう

① Crack 2 eggs.（卵2個を割って）
Add milk, pancake mix.
（牛乳、ホットケーキの粉を加えて）

② Mix well.
（よくまぜて）

③ Pour the pancake batter on the hot plate.
（ケーキのたねをホットプレートに移して）

④ Flip it until it's done./Turn until done.
（焼けたらひっくり返します）

ひとロメモ　flipは、ひっくり返すこと。batter はケーキの粉や牛乳をまぜたもの。クッキーのようにかためにこねたものはdough。

43 料理をいっしょにやってみよう（その2 ロールサンド）
Roll the bread from the bottom up.

さて、英語を話しながら火を使うと、なんかやけどしそうですね。こんな人には、ロールサンドはいかが？

パンにマヨネーズをぬったり、チーズやハムをのっけたりの作業は、なんでもやりたがり屋、見たがり屋の子どもたちに手伝ってもらいましょう（ただし、ハムやチーズのつまみ食いにご注意！　知らぬ間にハムやチーズがなくなっていることも）。

> **Let's make rolled sandwiches.**
> （ロールサンドをつくろう）

必要なものをそろえましょう。材料を英語で言いながら、テーブルに並べると、ちょっとオシャレ!?

用意するもの
sliced cheese（スライスチーズ）
sliced bread（薄切り食パン）
ham（ハム）
mayonnaise（マヨネーズ）
knife（ナイフ）

材料は家族の人数に合わせて適当に。
ロールするのがむずかしいときは、のせたままのオープンサンドでもいいですね。

Part 2　カンタンにできる　英語あそびマニュアル

~Let's make rolled sandwiches.~
ロールサンドをつくろう

① Cut off the crusts from each piece of bread.
（パンの耳を切って）
Spread the mayonnaise.
（マヨネーズをぬって）

② Put a slice of ham and a slice of cheese on the bread.
（パンにハムとチーズをのせて）

③ Roll the bread from the bottom up.
（パンを下から巻いて）

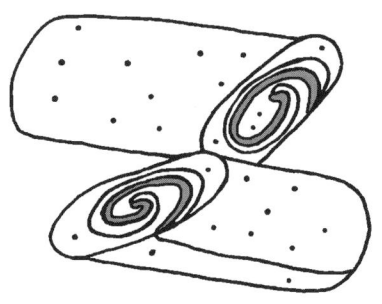

④ Cut each roll in half.
（できたロールを半分に切ります）

家事や料理で English

44 歯みがきはちゃんとやってる？
Brush your teeth.

歯みがき、毎日ちゃんとしてますか？

ほんとうは毎食後するのが理想らしいけど、わたしのようなズボラな母には、夢のまた夢の話でした。

夜、寝る前には "Brush your teeth."（歯をみがきなさい）。でも、自分でやらせると歯ブラシでちょっとみがいて、もう終わり。お母さんがそのあとしっかり仕上げをしないと、すぐ、虫歯になっちゃいますね。

画用紙などで歯ブラシをつくって、子どもにお母さん役になってもらい、ぬいぐるみや人形の歯をみがかせても楽しいです。

画用紙を2つ折りにしてつくった歯ブラシ

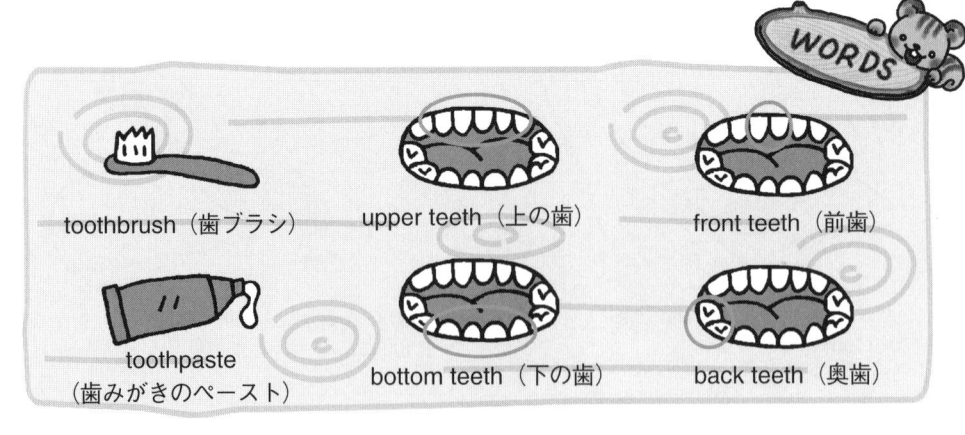

WORDS

- toothbrush（歯ブラシ）
- upper teeth（上の歯）
- front teeth（前歯）
- toothpaste（歯みがきのペースト）
- bottom teeth（下の歯）
- back teeth（奥歯）

Part 2 カンタンにできる 英語あそびマニュアル

① Mommy is going to brush your teeth.
（歯をみがいてあげる）

② No.
（いや）

③ Put your head on my lap.
（頭をひざの上に乗せて）

④ Upper teeth, bottom teeth, front teeth, back teeth.
（上の歯、下の歯、前歯、奥歯）

⑤ Rinse your mouth.
（口をゆすいで）

Spit.
（ぺっして）

家事や料理で English

> **ひと口メモ**　テレビの幼児番組と同じように、"What's your name?"（お名前は？）"How old are you?"（いくつですか？）と英語で聞いてから歯みがきをはじめてもいいですね。

45 おふろでEnglish！ 体を洗いながら This is the way I wash my neck.

こんどはおふろで、体を洗いながらEnglish。これにピッタリのマザーグースの歌があります。
Here We Go Round the Mulberry Bush（「くわの木のまわりを回ろう」）
これの替え歌で、シャンプーするときは、頭をシャンプーしながら

> ♪ This is the way I <u>shampoo my hair, shampoo my hair, shampoo my hair,</u> ...
> （こうしてわたしはシャンプーするの）

下線の部分を "wash my neck" にして、首を洗いながら

> ♪ This is the way I wash my neck, wash my neck, wash my neck, ...
> （こうして、わたしは首を洗うの）

おなかはtummy、肩はshoulder、足はleg、おへそはbellybutton（おへそは洗う？）。
お父さんとお互いに背中を洗いっこしてもいいですね。
さて、体を洗い終わったら、仕上げは湯ぶねにつかってcounting（数をかぞえる）。

> One, two, three, four... （1、2、3、4……）

50？ それとも100までかな？ 子どもが英語で数えられるようになったら、交代で数えてみましょう。

ひとロメモ *Here We Go Round the Mulberry Bush* の歌は、『うたおう！ マザーグース上』（アルク刊）に収録されています。本書p.26もご参照ください。

Part 2 カンタンにできる 英語あそびマニュアル

♪This is the way I wash my neck, wash my neck, wash my neck, ...
（こんなふうに首を洗うよ）

♪This is the way I wash your back, wash your back, wash your back.
（こうしてパパの／あなたの背中を洗うの）

Let's take turns counting.
（交互に数えよう）
One.（1）
Two.（2）
Three.（3）
Four.（4）

Sixty-five.（65）
Sixty-six...（66……）

家事や料理で English

ひとロメモ 「交互に数えよう」はこのほかに"I say 'one.' You say 'two.'"と簡単に説明してもいいですね。

117

46 着がえは自分でできる？
Can you put them on by yourself?

着がえはもうひとりでできますか？ 小さいころは、おふろから出ても裸のまま逃げ回って、「こらー！ かぜひくでしょ！」やっとつかまえて着せようとすると、「いいの！」って自分で着たがるし、自分で着るとズボンの一方に両足を入れて身動きできなかったり。これを英語にすると、"You have both legs in the same hole. You have to take out your legs and do it again."（同じところに両足入っているわよ。抜いて、もう一度やってごらん）となります。

まず、はじめに下着とパジャマを自分で持ってきてもらいましょう。

> **Go get your underwear and pajamas.**
> （下着とパジャマ持ってきて）
> **Can you put them on by yourself?**
> （ひとりで着られるかな？）
> **Yes.**
> （うん）

前と後ろを反対に着ちゃったり、よくあるでしょ。これを英語にすると、

> **Your T-shirt is on backwards.**
> （Tシャツが反対よ）
> **Your pants are on inside out.**
> （ズボンの裏表が反対よ）

くつを左右反対にはいているときは、

> **Your shoe is on the wrong foot.**
> （くつが反対よ）

①Go get your pajamas.
(パジャマ持ってきて)
②Can you put them on by yourself?
(自分で着られる?)
③Yes.
(うん)
④Mommy, I did it.
(ママ、できた)

アルファベットを覚えちゃおう

47 アルファベットチャートとアルファベットソングで覚えよう
What letter is this?

さて英語のはじめはABC、不思議なことに、子どもたちには、あいうえお、よりアルファベットのほうが形も簡単だし、数も少ないし、覚えやすいようです。
そこで、アルファベットソングとアルファベットチャートを使いましょう。
"A, B, C, D..."と歌いながら、指で一つ一つアルファベットを押さえていきます。
アルファベットチャートは絵入りのものが市販されているので、これを利用すると便利。

それから、市販のアルファベットチャートのなかに、さらにAのところなら ant（アリ）、apron（エプロン）とか、ほかにも、Aではじまる単語をお母さんがかき入れると、オリジナルっぽいですね。
子どもが覚えたら、こんなふうに聞いてみましょう。

> **What letter is this?**
> （これはなんの字？）
>
> **B.**
> （B）
>
> **What letter comes after B?**
> （Bの次はなに？）
>
> **C!**
> （C!）

Part 2 カンタンにできる 英語あそびマニュアル

アルファベットを覚えちゃおう

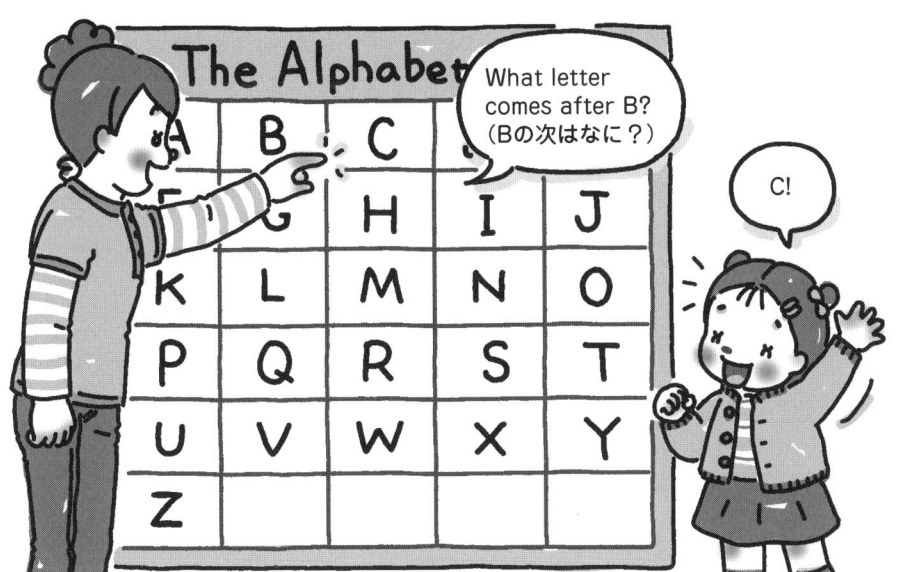

ひとロメモ　このページのアルファベットチャートの単語は、p.181も参照してください。p.178には、アルファベットカードの型紙もあります。

48 マカロニでアルファベットさがし
Look for the letter A.

こんどはアルファベットマカロニで、お母さんとゲームをしましょう。
アルファベットの形のマカロニを知ってますか？　大きなスーパーの輸入食品のところで売っています。すっごく小さくて、かわいい。
はじめてこのマカロニを見たとき、「アルファベットを覚えるには、これしかない！」と思ったほど。もちろん、スープに入れて食べてもいいし、びんに入れて飾ってもステキ。さて、ゲームをはじめましょう。マカロニをテーブルの上に広げて、まずお母さんが、

> **Look for the letter A and pick all of them up.**
> （Aをさがしてひろって）

さあ、見つかったかな？　1つ見つかったら、子どもは

> **I found one.** （見つかった）

さあ、たくさん見つかったら、いくつあるか聞いてみて。

> **How many A's did you find?**
> （Aはいくつある？）
> **One, two, three, four...** （1、2、3、4……）

さあ、数えましょう。もし5〜6歳だったら、マカロニのアルファベットで、単語をつくってみたら？　マカロニを並べながら、

> **B-E-A-R... bear.** （ビー、イー、エー、アール……クマ）
> **C-A-T... cat.** （シー、エー、ティー……ネコ）

スープを食べながらアルファベットを言ってもいいですね。

Part 2 カンタンにできる 英語あそびマニュアル

①Look for the letter A and pick all of them up.
（Aをさがしてひろって）

②I found one.
（あった）

③That's great!
（すごい！）

④I did it!
（やった！）

⑤How many A's did you find?
（いくつある？）

⑥One, two, three...
（1、2、3……）

アルファベットを覚えちゃおう

> **ひと口メモ** ほめるときのことばは、"Wonderful! / Terrific! / That's great!" など。どれも「すごーい！」って感じ。

123

49 スナック菓子でアルファベット
Can you make the letter A?

さて、おやつタイム。いつもならヘルシーに果物や手づくりお菓子のお母さんも、きょうはスナック菓子にしてくださいね。
まず絵のようにスナック菓子をお皿の上に並べてA、B、Cをつくってみましょう。

さあて、できるかな？　OやPはむずかしいぞ。

もっと長いタイプのスナック菓子なら shapes（形）もつくれます。"Can you make shapes?"（形をつくれる？）って言いながら……
ほかにどんな形ができるかな？　子どもにつくってもらいましょう。

それから数をかぞえながら食べてもいいですね。

> One ポリ, two ポリ, three ポリ, four...
> （1、2、3、4、……）

くれぐれも20個までに……。食べすぎにご注意！
スナック菓子をたくさん食べるのは、どうしてもおやつのポリシーから許せない！というお母さんには、乾めんのうどんとか、スパゲッティを黒い画用紙に並べても同じようにできます。

形やアルファベットは毛糸などを使ってもできますよ。

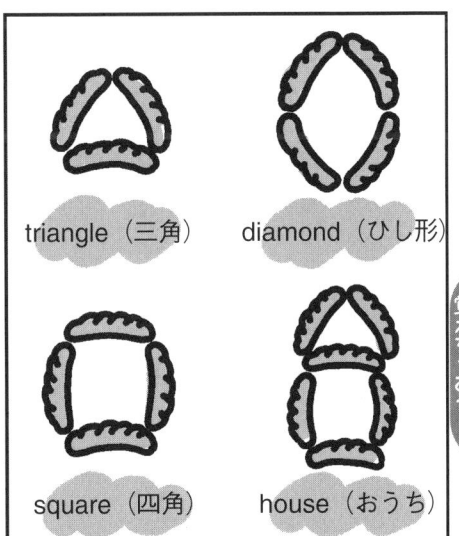

Part 2 カンタンにできる 英語あそびマニュアル

① Can you make the letter A?
（A、つくれる？）

② That's easy.
（かんたーん）
I'm finished.（できた）

③ Munch, munch...
（もぐもぐ）
Crunch, crunch...
（カリカリ）

triangle（三角）　diamond（ひし形）

square（四角）　house（おうち）

アルファベットを覚えちゃおう

ひと口メモ　食べるときの音の「もぐもぐ」を英語にすると"Munch, munch."、リンゴやセロリのように「カリカリ」なら"Crunch, crunch."と言います。

50 エプロンやTシャツにアルファベットをかいて A, B, C, D!

下の子が1歳半のころでした。わたしがすわっている後ろに来て、"S-T-O-P"（エス、ティー、オー、ピー）と言ってびっくり。わたしの着ているジャンパーの背中にアップリケがあって、STOPという単語を読んでいたのです。

それからトレーナーなどのアルファベットも気になるらしくて、だっこするたびに胸のところの刺繍やアップリケのアルファベットを読んでいました。

そこで、エプロンやTシャツにアルファベットをかきました。
さっそくマジックでわたしのエプロンにアルファベットをかくと大喜びで "A, B, C, D..." と読みはじめて、アルファベットソングまで歌いはじめたのです。

もし、手芸のじょうずなお母さんなら、子どものトレーナーに cake（ケーキ）や bear（クマ）、rabbit（ウサギ）とかをアップリケして、その上に単語のスペルをかくと、すごくかわいい（右ページのイラスト参照）！

ベッドカバーや壁かけなんかに、アルファベットチャートをアイロンでアップリケすると、おやすみのときに楽しいです。いっしょに横になって、ベッドカバーを見て「Aはant、Bは○○だね」なんて寝ながら話したりしました。

このほかに市販でアルファベットのウォールポケットなどもあります。それぞれのポケットのなかに、各アルファベットの頭文字ではじまる布の小さなおもちゃなどが入っていて（たとえば、Aならappleとか）、とても楽しいです。

Part 2　カンタンにできる　英語あそびマニュアル

アルファベットを覚えちゃおう

127

51 アルファベットのマグネット L-I-O-N … lion!

アルファベットを覚えたり、単語をつくったりするのに、事務用の丸いマグネットが便利です。マグネットに油性のマジックで大文字のアルファベットをかき、それを冷蔵庫にはって並べていくのです。

まずはマグネットでマルや四角の形をつくり、1個ずつアルファベットを読みます。スペルを覚えるのにも便利。たとえば「ライオン」なら、

> **L-I-O-N… lion!**
> （エル、アイ、オー、エヌ……ライオン！）

マグネットでウサギをつくったり、クマをつくったりしても楽しいでしょう。
アルファベットの順番を覚えたら、その順番にマグネットを並べるという方法もあります。

小文字を覚えられたら、小文字をかいたマグネットを用意し、
　Aa　Bb　Cc
などと、大文字と小文字をペアにして並べるゲームをしてみてもいいですね。

このほかにもマグネットで単語をつくってみましょう。

WORDS

ant（アリ）	bear（クマ）	cat（ネコ）
dog（イヌ）	fish（魚）	fox（キツネ）
frog（カエル）	goat（ヤギ）	hen（メンドリ）
pig（ブタ）	cup（コップ）	hat（ぼうし）
jam（ジャム）	key（カギ）	map（地図）

Part 2 カンタンにできる 英語あそびマニュアル

Square!（しかく）

Rabbit!（ウサギ）

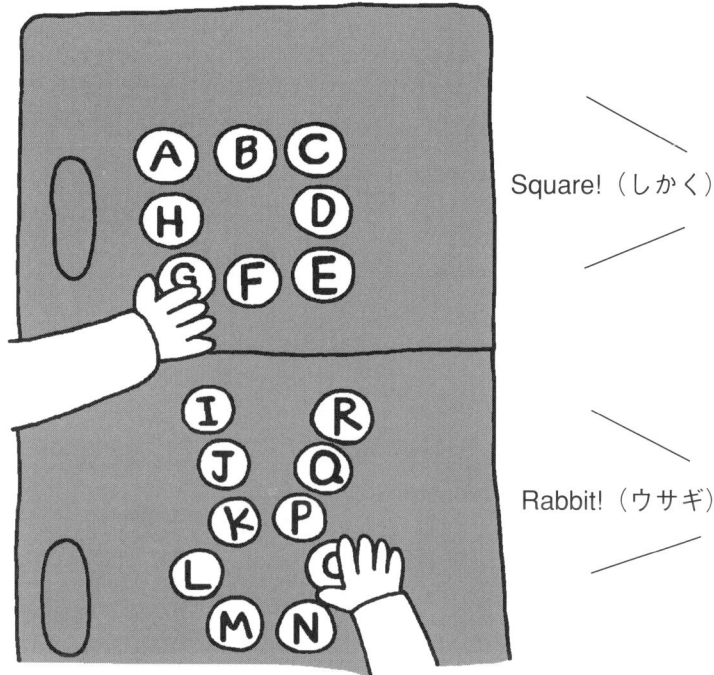

マグネットは、スチールのものなら、なんでもくっつきます。冷蔵庫のドアに並べたり、動物の形もできちゃいますね。

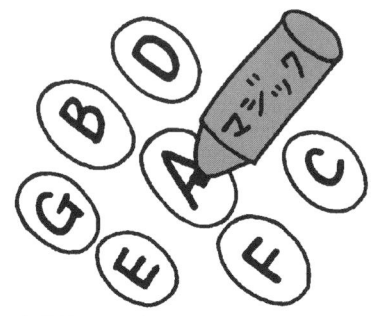

事務用のマグネットに、マジックでアルファベットをかくだけ。

cat、dogのように単語をつくっていくといいですね。同じ字を2回以上使わずにすむ、3〜4文字くらいの単語を選ぶのがポイント。

アルファベットを覚えちゃおう

52 アルファベットのパズル
A is for...?

アルファベットのパズルは簡単なものなら、2歳の終わりくらいからできます。
まず、買ってきたらピースを全部はずし、下の台紙の部分のAがくるところにAを、Bのところへ Bを、あらかじめマジックでかきます。これをかかないと、2~3歳ではピースの形だけからパズルをはめこむのはむずかしいのです。Aのピースを台紙のAの文字の上におくのは簡単ですね。

それから2セット同じものを買うほうがいいですよ。パズルのピースってすぐなくなるし(ピアノの下なんかに入り込んだりね)、2セットあるとピースをさがすのも簡単です。

床にアルファベットと単語のピースを広げて、アルファベットと英単語をとります。

> **Where is the letter A?**
> (Aはどこ?)
> **Here it is.**
> (A、あった)
> **A is for...?**
> (Aはなに?)
> **Ant.**
> (アリさん)

全部のピースをばらばらにしてからさがすのは大変なので、はじめは A~E の5つのピースだけを使って、そのなかから選ぶといいでしょう。

Part 2　カンタンにできる　英語あそびマニュアル

①Where is the letter A?
（Aはどこ？）

②Where does it go?
（Aはどこにはまる？）

③It goes here.
（ここだ）

④A is for...?
（Aはなに？）

⑤Apple.
（りんご）

⑥You're right.
（当たり）

アルファベットを覚えちゃおう

ひと口メモ　たくさんのピースのなかから「Aのピースはどこ？」と聞くときは"Where is the letter A?" "Can you find the letter A?" "Pick up the letter A." などが使えます。

131

英語の絵カード、本であそぶ

53 英語の絵カードをはじめよう
Can you find the dog?

英語の絵カードは、まず子どもの好きそうなカード（動物とか、乗り物など）を5～6枚選んで、カードの絵を見せながら、その単語の名前を英語で教えます（CDがあれば、それを使ってもOK）。
ネコのカードを見せながら、

> **What's this?**
> （これなに？）
> **Cat.** （ネコさん）

これを5～6枚のカードで3～4回くり返して単語を覚えたようなら、こんどはカルタとりの要領で、覚えたカードを床の上に並べます。

> **Do you see the cat? Pick up the card.**
> （ネコはあるかな？　カードをとって）

鳴き声とか、ジェスチャーを加えると楽しいですね。
はじめのうちは全部覚えてないので、子どもがとれないときは、わたしが "I found it."（見つけた）と言って、子どもより先にとったりしました。
お母さんもいっしょに楽しむのがポイント。はじめの5～6枚を覚えたら、新しく2～3枚ずつふやしていきます。ただし前に覚えたカードを必ずいっしょに入れてやること。知っているカードが出てくると、うれしそうな声で "Dog!" などのように出てきます。これが自信につながるんです。カードを子どもがとったら "Great!"（すごいわ）などのほめことばをお忘れなく。

Part 2 カンタンにできる 英語あそびマニュアル

① Can you find the dog?
（イヌはあるかな？）
Pick up the card.
（カードとって）

② I found it.
（見つけた）
Dog!（イヌ！）

③ Can you find the house?
（家は見つかった？）

④ Here.
（ここ）

⑤ That's great.
（すっごい）

> **ひと口メモ**　「〜はどこ？」と聞くには、"Do you see ...?" "Can you find...?" "Where is...?" が使えます。

英語の絵カード、本であそぶ

54 英語の絵カード、言えるかな？ What's this?

英語の単語をかなり覚えてきたら、カードを見せて、娘にカードの絵の単語を英語で言ってもらいました。

> What's this?
> （これはなに？）
> Car.（車）
> That's right.
> （当たり）

わたしはさらに、ティッシュの空箱を使って「大当たり BOX」と「はずれたぞ BOX」をつくりました。カードの絵を正しく言えたら「大当たり BOX」に、言えなかったら「ブー」と言って、「はずれたぞ BOX」へ入れます。

2人とも指人形が好きだったので、指人形にカードを持たせて、声の調子を人形の声に変えてやりました。

"What's this?" のかわりに "Do you know what this is?"（これなにか知ってる？）とか "Can you tell me what this is?"（これなにか言ってみて）などが使えます。

英語の絵カードは、2～3日に1回ぐらいのペースで、新しいカードを少しずつふやしながらやっていきました。

2～3カ月つづけると、かなりしっかり覚えてくるので、あとは2週間に1回ぐらい、子どもがやりたいときにつきあってあげればOK。

Part 2 カンタンにできる 英語あそびマニュアル

①What's this?
（これなに？）

②A pencil.
（鉛筆）

③You got it.
（当たり）

④What is he?
（この人はなに？）

⑤A firefighter?
（消防士？）

⑥That's right.
（当たり）
Here's a kiss.
（キスしちゃう）

SMOOCH

55 英語の絵カード、いくつ知ってる？
How many cards do you have?

上の子が4歳近くになって、覚えた単語が500語以上になったころ、一枚一枚、"What's this?"って聞くのはもう大変でした。

そこで、カードを全部テーブルの上に並べて、子どもに次々とそのカードの単語を英語で言ってもらいました。1分間に、絵を見てなん枚のカードを英語で言えるかのゲームです。まず、テーブルの上にカードをたくさん並べて、

> **Ready, set, go!** （よーい、ドン）

お母さんは、1分間、時間をはかってね！

> **Apple, candy, melon...** （リンゴ、キャンディー、メロン……）

絵カードの単語を英語で言えたら、子どもは言えたカードをもらえるので、次々テーブルの上からとっていきます。さて、1分たったら、

> **Stop!** （やめて！）

言えたカードをなん枚持ってる？

> **How many cards do you have?**
> （なん枚持ってる？）
> **One, two, three...** （1、2、3……）

カードを数えたあとのほめことばは、"You did a good job."（よくできたわね）"That's amazing."（すごい）など。

もしダメでも、"Try it."（やってごらん）とか "You can do it."（できるわよ）、"Don't give up."（あきらめないで）の励ましのことばをお忘れなく。

Part 2 カンタンにできる 英語あそびマニュアル

床に一列に長くずらーっと並べて、端から順番に単語を言っていき、言えたカードをとるゲームもいいですね。

①How many words do you know?
（いくつ知ってるかな？）
Ready, set, go!
（よーい、ドン）

②Monkey, lemon, whale...
（サル、レモン、クジラ……）

③Stop.
（やめて）

④How many cards do you have?
（なん枚カード持ってる？）

⑤One, two, three...
（1、2、3……）

⑥Fifteen.
（15）

⑧That's amazing!
（すっごい！）

ひと口メモ 途中で単語がわからなくなったら、お母さんがちょっと手伝って教えてあげてネ。

56 英語の絵カードあそび
Find the cards.

次は、子どもが覚えた英語の絵カードを家のあちこちに隠して、さがすゲーム。
はじめに子どもを部屋から出しておくか、目を閉じてもらいます。お母さんは子どもに見つからないように、英語の絵カードを部屋のなかのいろいろな場所に隠します(目を閉じるように言っても、実は、薄目をあけてひそかに見ているかもしれないけれど)。完全にカードを隠してしまうと、3歳くらいではなかなか見つけられない。そこで、ちょこっとだけカードが見えるように隠します(この心にくい母の気配りが、大切なのです)。
マットの下、本と本との間、タンスのすき間、おもちゃ箱のなかなど、15〜20枚近く隠して準備完了。子どもを部屋に入れます。

> **Come in.** (なかに入って)

または目をあけさせて、

> **Open your eyes.** (目をあけて)
> **I hid the cards. Find the cards.**
> (カードを隠したから、さがして)

さあ、子どもにさがしてもらいます。

> **I found one.** (1枚見つかった)
> **I found another.** (もう1枚見つかった)

見つけたカードはなにかな？ 聞いてみましょう。

> **What is it?** (それなに？)

英語のカードのかわりに、ままごとの野菜や果物、アルファベットのカードを隠しても同じゲームができます。

57 英語の絵カードを使って You guessed it.

またまた英語の絵カードを使って。
英語の絵カードを覚えたら、絵の一部だけを見せて、単語を当てさせる Guessing game をしましょう。
はじめにお母さんが子どものよく知っているカードを20枚ほど持って、いちばん前にカードと同じ大きさぐらいの画用紙（ほかのカードを裏にして使ってもいい）をかぶせて見えなくして、少しずつずらします。

> Can you guess what this is?
> （これ、なんだかわかる？）
> House?
> （おうち？）
> You guessed it.
> （当たり）

わからないときは、もう少し絵が見えるように、下にずらします。
子どもって驚くほどカードの絵をよく覚えていて、上のちょっとの部分を見せただけで "Cat!" とか当ててしまいます。えー、どうして、これだけでわかっちゃうの？って感じです。
ほかに絵カードの裏にその単語のスペルの頭文字、cat なら C とかいて、"C is for cat." とカードを見せて教えます。
覚えたら文字の C のほうを見せて "C is for...?" と聞くと、子どもは "Cat." と答えられるようになります。

Part 2　カンタンにできる　英語あそびマニュアル

①Can you guess what this is?
（これ、なんだかわかる？）

②House?
（おうち？）

③You guessed it.
（当たりよ）

④Can you guess what this is?
（これ、なんだかわかる？）

⑤Show me more.
（もっと見せて）

⑥Dog?
（イヌ？）

⑦You're right.
（当たり）

英語の絵カード、本であそぶ

58 ゾウを指でさしてね
Point to the elephant.

ワードブック（英語の単語の絵本）やピクチャーディクショナリー（絵辞典）をいっしょに読みましょう。ピクチャーディクショナリーの多くは、見開き2ページに絵や英単語のスペルがかいてあって、はじめはわたしが指で絵をさしながら読んであげました。

> **Pig, elephant, rooster...** （ブタ、ゾウ、オンドリ……）

ただし日本語訳をつけて「ブタはpig」と言わないほうがいいと思います。和訳しないで理解できるっていうのが、英語のセンス。
単語をかなり覚えたら「ウォーリーをさがせ！」のように「pigをさがせ！」。絵のなかで、いろいろな単語をさがしてもらいましょう。

> **Where is the pig?** （ブタはどこ？）
> または、
> **Do you see the pig?** （ブタはいるかな？）
> あるいは、
> **Point to the pig.** （ブタをさして）

見つかったら、

> **Here.** （ここ）

ほかに色や数なども聞いてみて。

> **How many pigs do you see?** （ブタはなん匹いる？）
> **Can you count them all?** （全部、数えられる？）

色を聞くときは、

> **What color is the pig?** （ブタはなに色？）

とかね。
どの動物が好き？は、

> **Which animal do you like?** （どの動物が好き？）
> **What is your favorite animal?**
> （いちばん好きな動物は？）

（発音がどうも……というお母さんへ）

子どもがCD、DVD、テレビなどでネイティブ・スピーカーの英語をたくさん聞けば、お母さんの発音は問題にならないと思います。それより、お母さんが英語を使うということが、子どもに影響します。英語は特別なことばでなく、エプロン姿のわたしのお母さんが話すことばなんだなって……。

Point to the elephant.
（ゾウさん指さして）

Here.
（ここ）

Can you count them all?
（全部、数えられる？）

59 「ABC Book」を読む
We can read it again tomorrow.

はじめて読む英語の絵本は、くり返しの多いものや、1ページに英文が1行ぐらいの簡単なものや、ピクチャーディクショナリーがおすすめ。

英語の絵本への興味は、個人差がすごく大きいので、全然興味を示さないときは時期を待ったほうがいいと思います。

わたしはよく、雨の日や夜、布団のなかで、アルファベット順に英単語がかいてある「ABC Book」や簡単な英語の本を読んであげました。

3～4歳の子どもって気に入った本があると、もうなん度もなん度も「読んで、読んで」ですよね。うちも本当に大変でした。

「ABC Book」の場合は、まずお母さんが、

> A is for apple, B is for bear, ...
> （Aはapple、Bはbear……）

と読んであげて、子どもに覚えてもらいます。次に本をいっしょに見ながら、

> A is for...?（Aはなに？）
> What begins with the letter A?
> （Aではじまるものはなに？）

とか聞いてみてましょう。

Part 2 カンタンにできる 英語あそびマニュアル

①Z is for...?
（Zはなに？）

②Zebra, zipper...
（シマウマ、ジッパー……）

③Read it again.
（もう一度読んで）

④That's enough for today.
（今日はもういいでしょ）
We can read it again tomorrow.
（あしたまたね）

⑤Wake up, Mommy.
（起きて、ママ）
Don't close your eyes.
（目をつぶらないで）

bedtime story（おやすみのときの物語）のときの「きょうはもう終わりよ」は"That's enough for today."で、「あしたもう1冊読んであげる」は"I'll read you another story tomorrow."と言います。

英語の絵カード、本であそぶ

145

60 音あそび感覚でフォニックス
Fox, rocks, socks, box

フォニックスって聞いたことがありますか？
英語の文字と音の関係からルールを見つけて、発音や文字の読み方を覚えていく方法です。
日本語にはない、英語ならではの音にふれるという点でも、音あそび感覚で楽しめるんです。特に子どもが小さいうちは、文字が読めるかどうかには、あまりこだわりすぎず、音あそび感覚でトライしてみてください！　ここでは、フォニックスの考えをとり入れた、子どもがとっても喜ぶあそび方を紹介しますね。

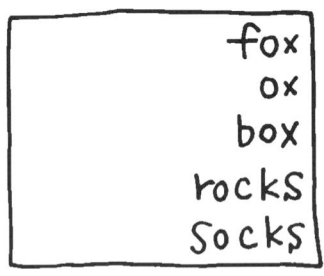

まず、fox（キツネ）、ox（雄牛）、box（箱）、rocks（岩）、socks（くつ下）とか、同じ発音を含む単語を集め、1枚の紙の右側に単語をかき出します。

「fox はキツネだね」などと言いながら、左側に、子どもにその単語の絵をかいてもらいます。

紙を図のように折って絵が見えないようにして、「なんて読むのかな？　さあ、読める？」と聞きながら、子どもに単語を読んでもらいましょう。

読めないときは開いて絵を見ます。
fat（太った）、rat（ネズミ）、sat（sitの過去形）、mat（マット）など、絵をかきながら覚えたり、"♪A fat rat sat on the mat."（太ったネズミがマットの上にすわった）とリズムにしたりしました。

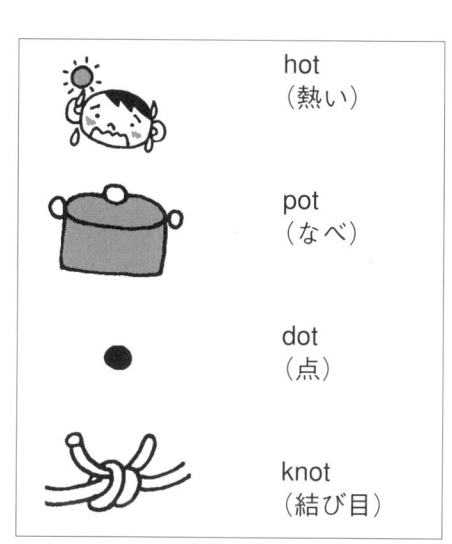

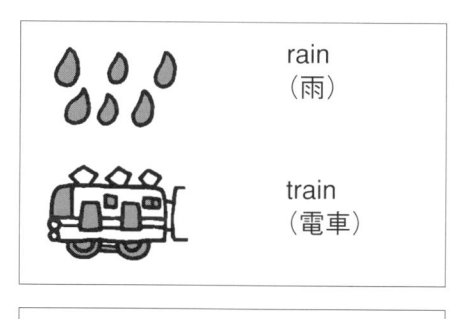

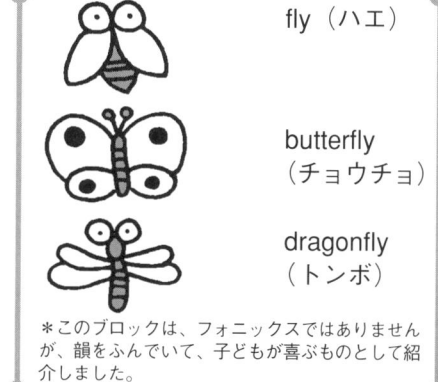

Part 2 カンタンにできる 英語あそびマニュアル

hot（熱い）	rat（ネズミ）
pot（なべ）	hat（帽子）
dot（点）	mat（マット）
knot（結び目）	sat（sitの過去形）
rain（雨）	potato（じゃがいも）
train（電車）	tomato（トマト）
mouse（ハツカネズミ）	fly（ハエ）
house（家）	butterfly（チョウチョ）
	dragonfly（トンボ）

＊このブロックは、フォニックスではありませんが、韻をふんでいて、子どもが喜ぶものとして紹介しました。

ひと口メモ mouse は小さいかわいいネズミ、ratはどぶネズミみたいな大型のものを言います。

英語の絵カード、本であそぶ

61 子育て表現リスト 〜ニコニコ編

トイレトレーニングのときにトイレでおしっこできたとか、絵がじょうずにかけたとか、子どもをほめるとき、どんなふうに言いますか？ 日本語なら、「よくできたわね」「じょうず」とか「えらいね」ですよね。これも英語で言ってみましょう。

ほめる
Good job. / That's great. / You did well. (よくできたね)
That's beautiful. (きれい)
Wonderful. (じょうずよ)
I like that. (いいわね)
I'm so proud of you. (すごいわね)

外出して
You behaved yourself. (いい子にしてたわね)
You are a good girl/boy. (いい子ね)

励ます
You'll do better next time. (次はうまくいくよ)
Try it again. (もう一度やってごらん)
We'll try it together. (いっしょにやってみよう)

プリプリ怒ってばかりのお母さんも、たまにはやさしいママにへんしーん。ちょっと子どもを強く怒りすぎたときは、反省して突然ねこなで声になったりして……。さて、英語でやさしくスキンシップ。

だっこ／おんぶ
I'll give you a big hug. / Let me give you a hug.（だっこしてあげる）
I'll give you a hug and you'll feel better.（だっこしたら、気分がよくなるよ）
I'll give you a piggyback. / I'll take you for a piggyback ride.（おんぶしてあげる）

大好き／キス
I love you.（大好きよ）
You are special.（あなたはとっても大事よ）
Let me kiss you.（キスしてあげる）
Give me a kiss.（ママ*にキスして）
Give me a big hug.（ママ*をギュッとして）

*便宜的に「ママ」と訳しましたが、もちろんパパ、おじいちゃん、おばあちゃんなどでもOK。

けがをしたら
Where does it hurt?（どこが痛いの？）
I'll rub it.（さすってあげる）

62 子育て表現リスト 〜プリプリ編

小さい子どものいるお母さんって、だいたい同じように怒っています。スーパーやファストフードの店で、「もう連れてこないからね！」と、怒ったお母さんの大きな声。ギョ！　わたしのフレーズにそっくり。

しかる
Stop it.（やめなさい）
Who did this?（これ、だれがやったの？）
That's enough.（いいかげんにしなさい）
Mommy gets angry. / You drive me crazy. / You make me angry.（ママ、怒るからね）
Hurry up!（早くして！）
What are you doing?（なにしてるの？）

きょうだいげんか
Stop fighting. / Cut it out.（けんかやめなさい）
You have to share. / Share it.（いっしょに使いなさい）
It's not nice.（それはよくないわよ）

おやつ
I said, "Sit and eat."（「すわって食べて」って言ったでしょ）
Be careful. Don't spill it.（気をつけて、こぼさないで）
You shouldn't eat so much junk food.*（そんなにたくさんジャンク・フード食べちゃだめ）

*junk food = スナック菓子やファストフードのような、高カロリーで低栄養の食品のこと。

お片づけ
This place is a mess! / What a mess!（すごい散らかり方！）
Try it yourself.（自分でやりなさい）
Get it yourself.（自分でとってきなさい）

Part 3
コピーもOK！
すぐに使えるワークシート

知育ドリル作家としても活躍中のわだことみ先生が、コピーしてすぐに使えるワークシートを13種ご紹介。Part 2の英語あそびマニュアルとともに、これは便利なものばかり！

※ワークシートは、拡大コピーするなどして、お好みのサイズでお使いください。

＊本書のワークシートや型紙類は、個人的な使用や教室・学校での使用に限り、コピーを認めます。それ以外の目的では、著作権法上で認められた場合を除いて、コピーや無断転載を禁じます

1 What is the letter A for?
Aはなに？

The Alphabet

Part 3 すぐに使えるワークシート

A〜Mのアルファベットはどこにかくれているかな？ それぞれのアルファベットではじまる動物やものの名前も言ってみましょう。

（こたえは、181ページ）

4歳〜

©『5分でできる　英語あそびマニュアル75』Kotomi Wada／ALC Press Inc.　イラスト／タカクボジュン

2 What letter comes after P?
Pの次は何かな？

The Alphabet

スタート

154

Part 3 すぐに使えるワークシート

N～Zの迷路を進みながら、それぞれのアルファベットではじまるものを見つけて、"N is for nails."（Nは、クギのN）などと言います。
＊Xのみ、単語のはじめでなく、さいごに入っています。

（かくれているもののこたえは、181ページ）

5歳～

ゴール

©『5分でできる　英語あそびマニュアル75』Kotomi Wada／ALC Press Inc.　イラスト／タカクボジュン

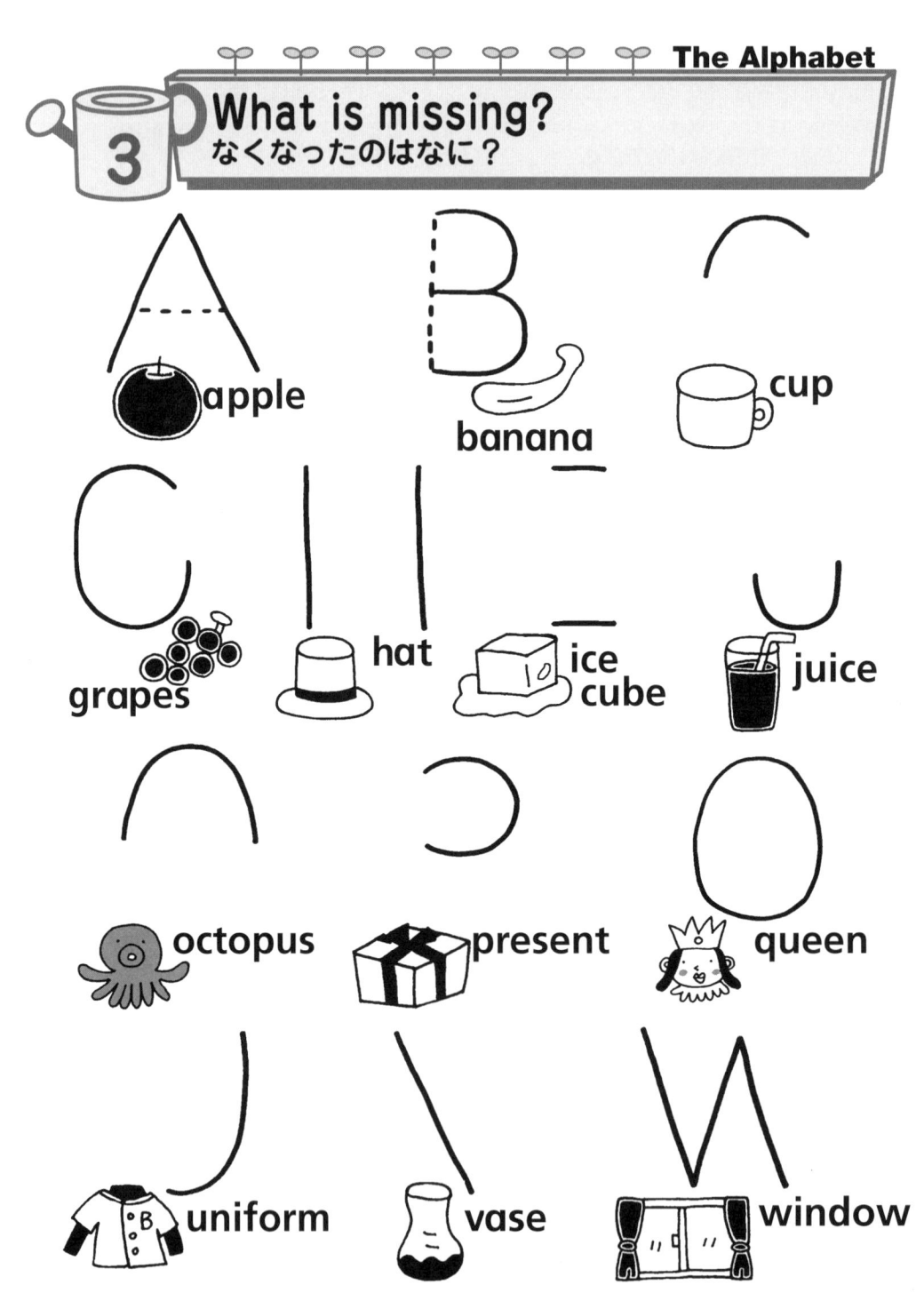

The Alphabet

3. What is missing?
なくなったのはなに？

apple
banana
cup
grapes
hat
ice cube
juice
octopus
present
queen
uniform
vase
window

イギリスではdoughnutとかき、アメリカでもこのかき方をする人がいますが、現在のアメリカではdonutとかく人も多いようです。

Part 3 すぐに使えるワークシート

線をかき入れてAからZまでのアルファベット（大文字）を完成させます。
できあがったら「appleのA」なんて言ってみてもいいですね。

4歳〜

（こたえは、181ページ）

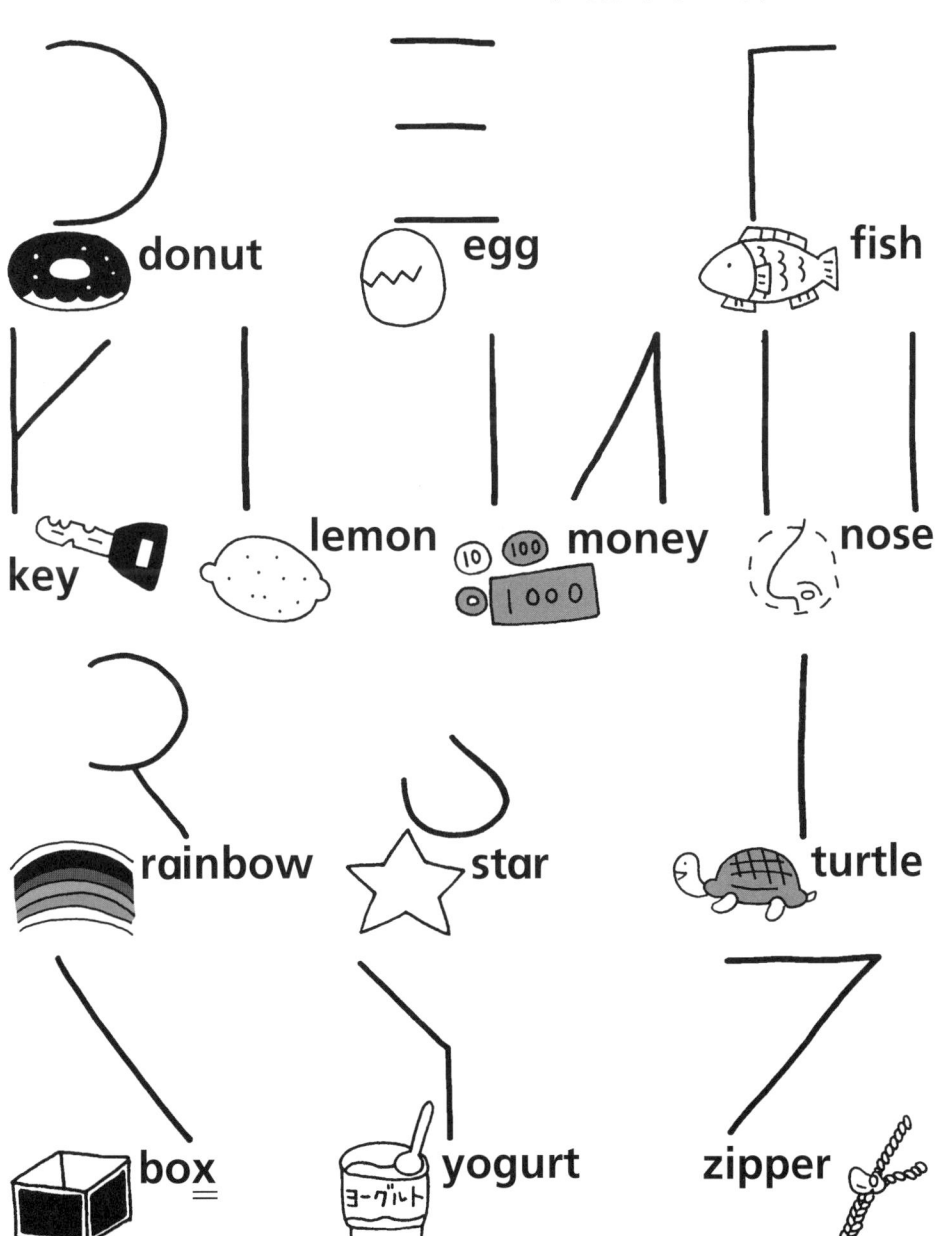

donut　egg　fish

key　lemon　money　nose

rainbow　star　turtle

box　yogurt　zipper

Numbers

4 Let's find the number.
すうじを見つけましょう

*2つずつあります。

Part 3 すぐに使えるワークシート

1から10までのかくれている数字を見つけましょう。コンパスやハサミ、ホチキスなども2つずつかくれています。見つけてみましょう。

（こたえは、182ページ）

4歳〜

5 What color is the apple?
リンゴはなに色？

Colors

apple — **red**

banana — **yellow**

tree — **green**

snowman — **white**

Part 3 すぐに使えるワークシート

ぬり絵をしながら、色の名前を覚えます。クレヨンは色を覚えるのにピッタリですね。

3歳〜

carrot
orange

bucket
blue

tulip
pink

crow
black

grapes
purple

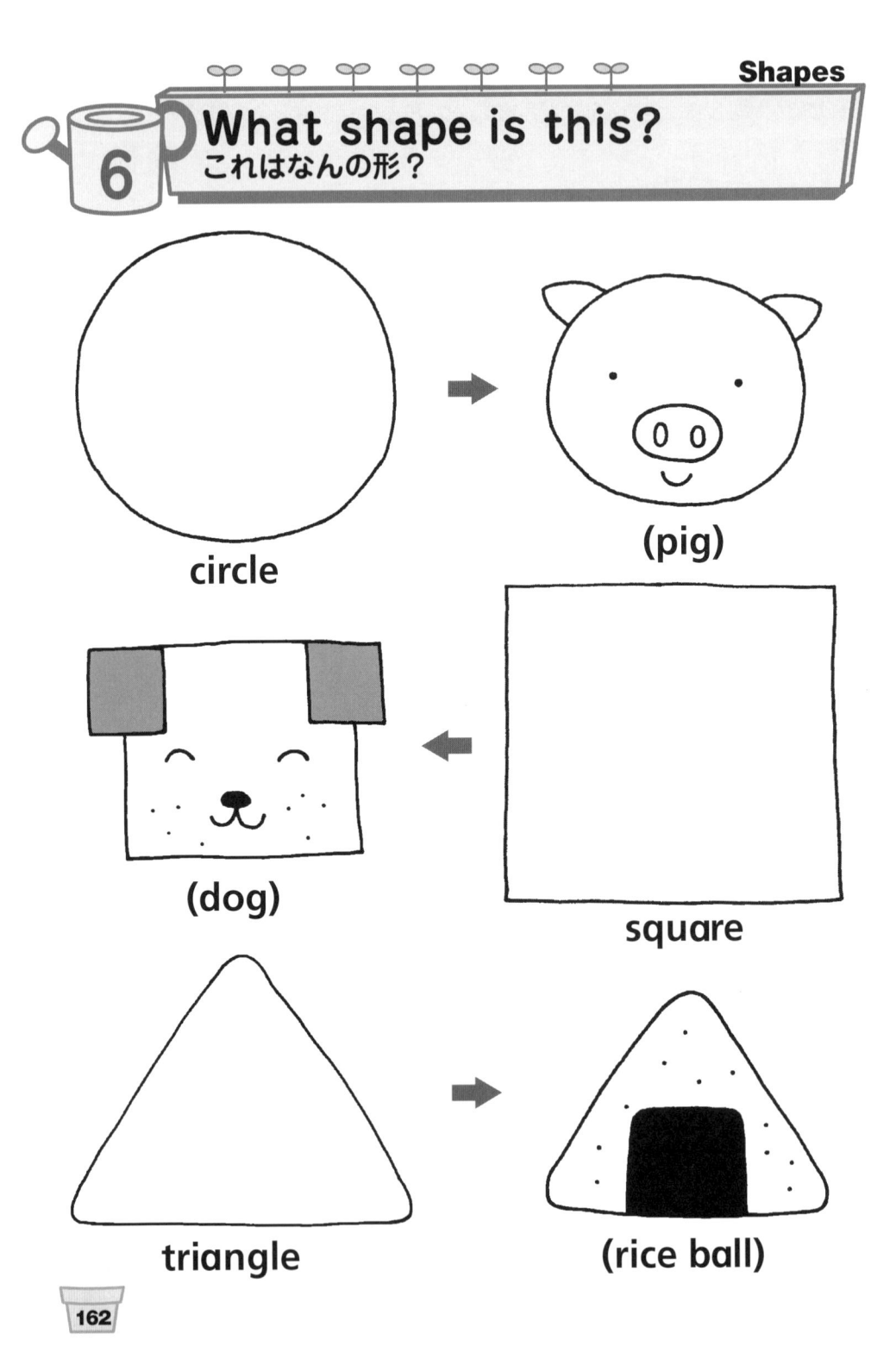

6 What shape is this?
これはなんの形？

Shapes

circle → (pig)

(dog) ← square

triangle → (rice ball)

Part 3 すぐに使えるワークシート

"Draw eyes, ears, and a nose."(目と耳と鼻をかきます)なんて言いながら、shapes（形）を顔やものにしていきましょう。

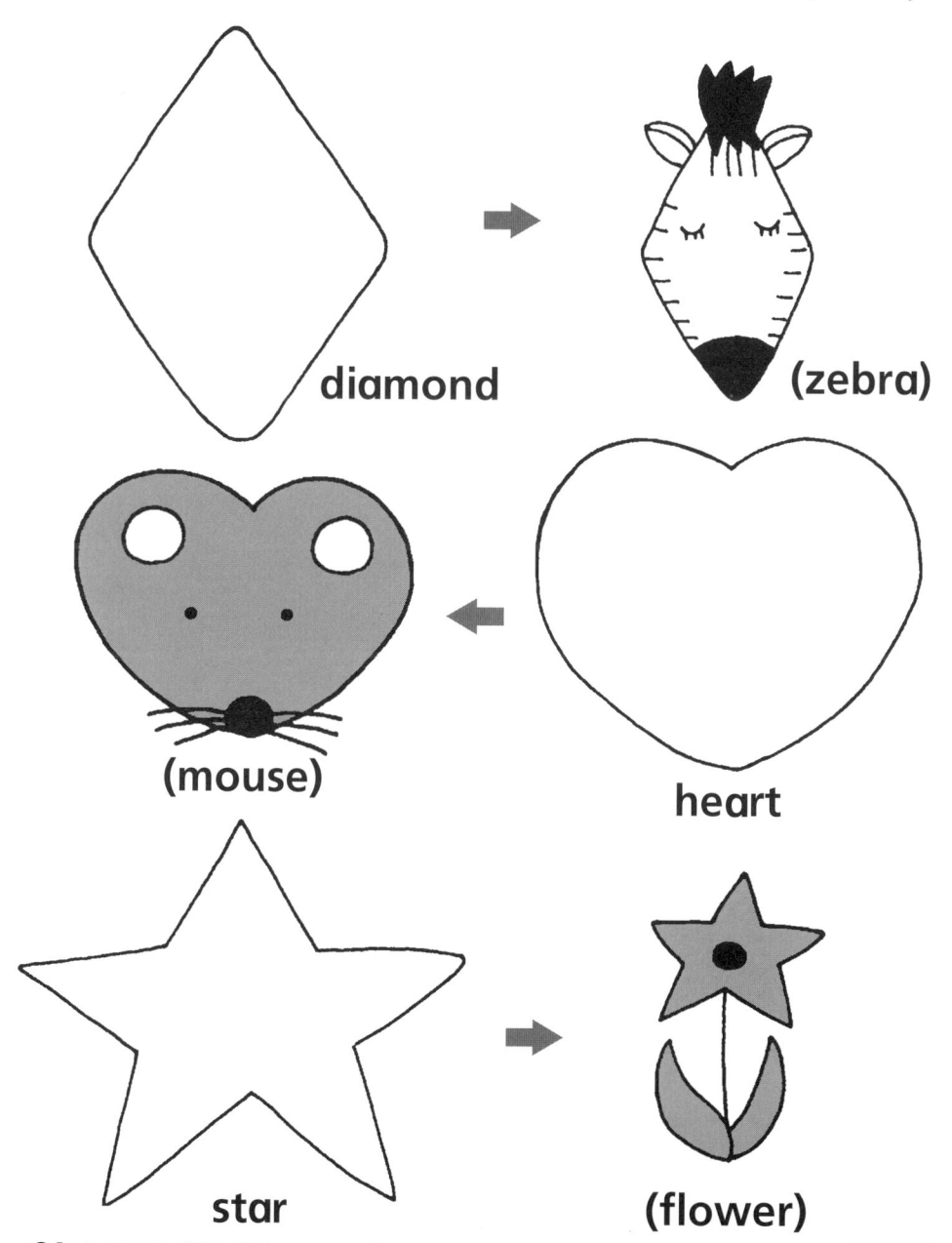

3歳〜

diamond → (zebra)

(mouse) ← heart

star → (flower)

©『5分でできる 英語あそびマニュアル75』Kotomi Wada／ALC Press Inc. イラスト／しんざきゆき

What's this?
これはなに？

Animals

Part 3 すぐに使えるワークシート

影を見ながら動物の名前を聞いてみましょう。またはこのワークシートをコピーして、右ページの絵を切りとって、影の上においていってもいいですね。

（こたえは、182ページ）

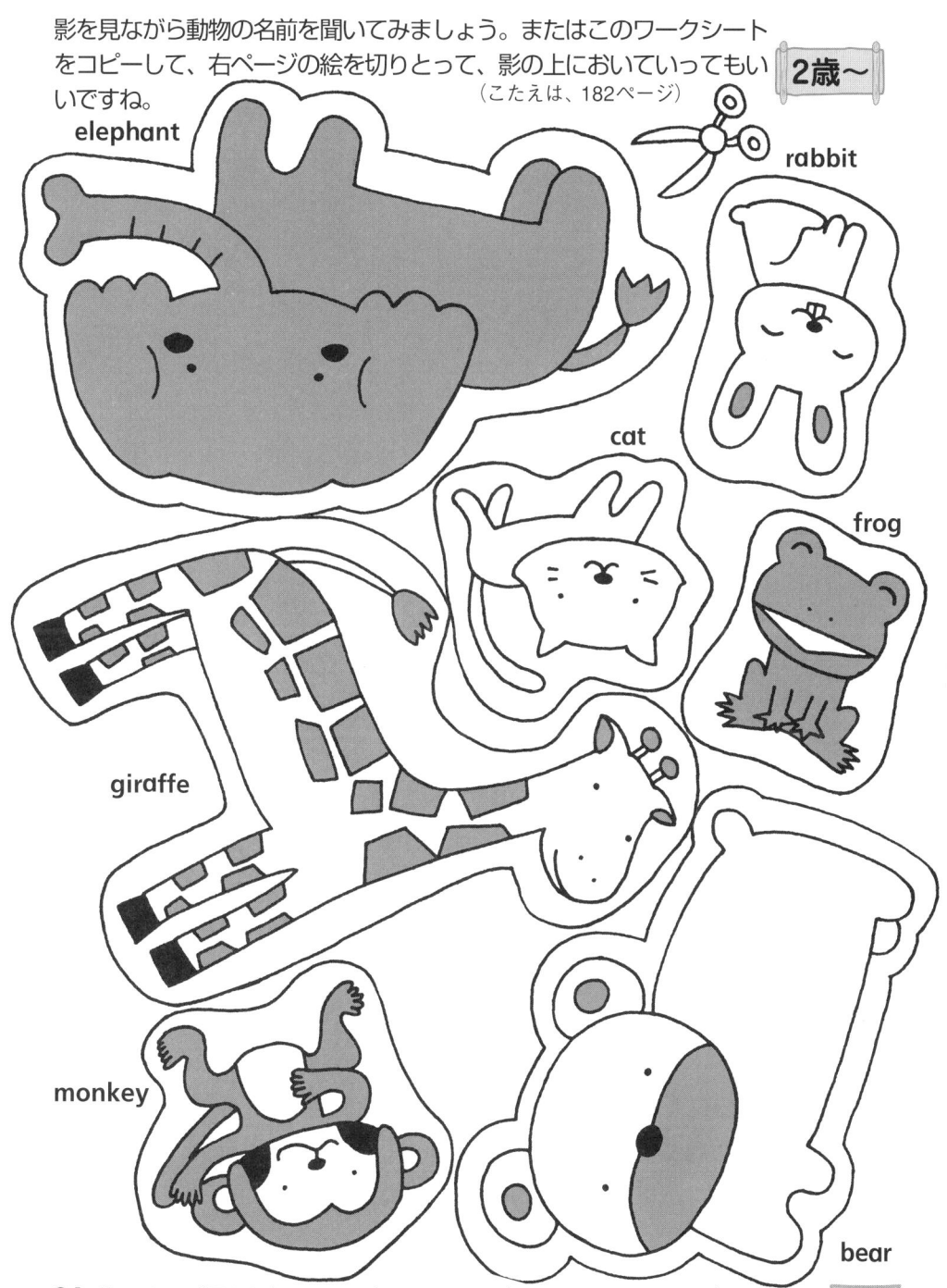

2歳～

elephant
rabbit
cat
frog
giraffe
monkey
bear

©『5分でできる 英語あそびマニュアル75』Kotomi Wada／ALC Press Inc. イラスト／しんざきゆき

What animal is this?
これはなんの動物？

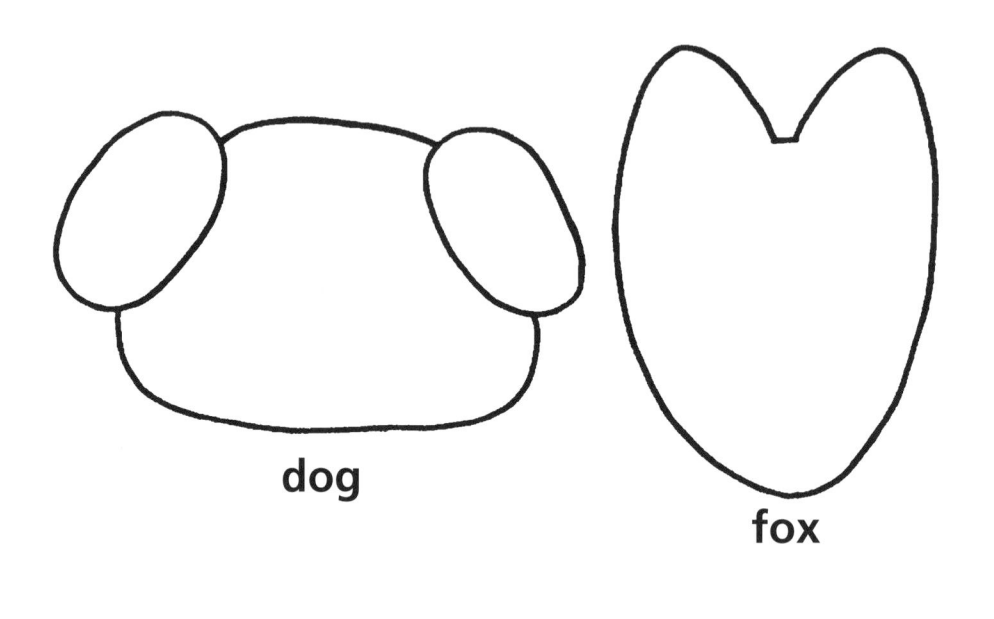

Animals

8

dog

fox

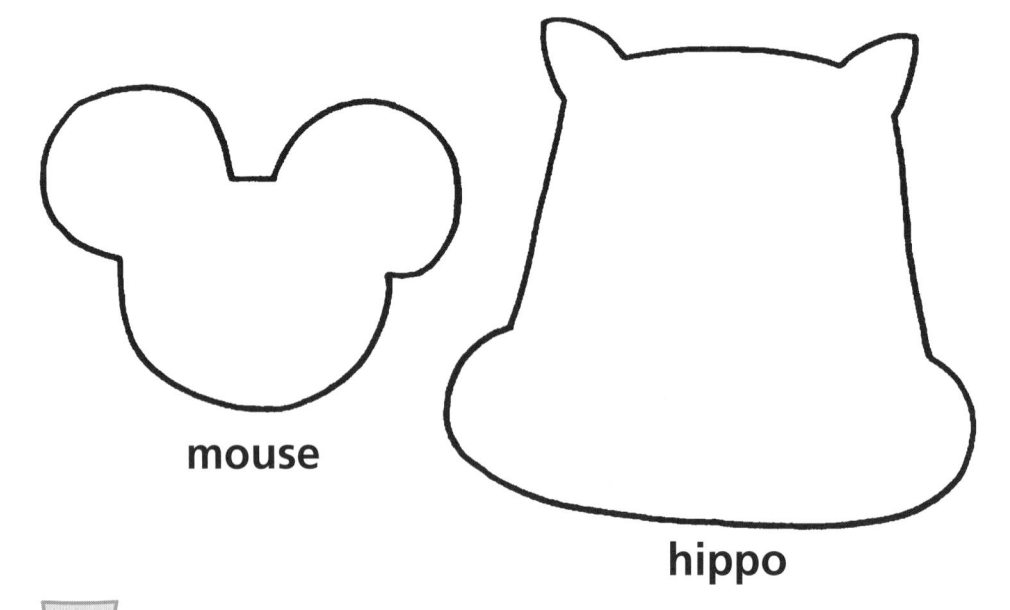

mouse

hippo

166

Part 3 すぐに使えるワークシート

なんの動物か当ててみましょう。わかったら"Happy dog!" "Sad mouse!" のように言いながら、いろいろな表情の顔をかきいれていくといいですね。

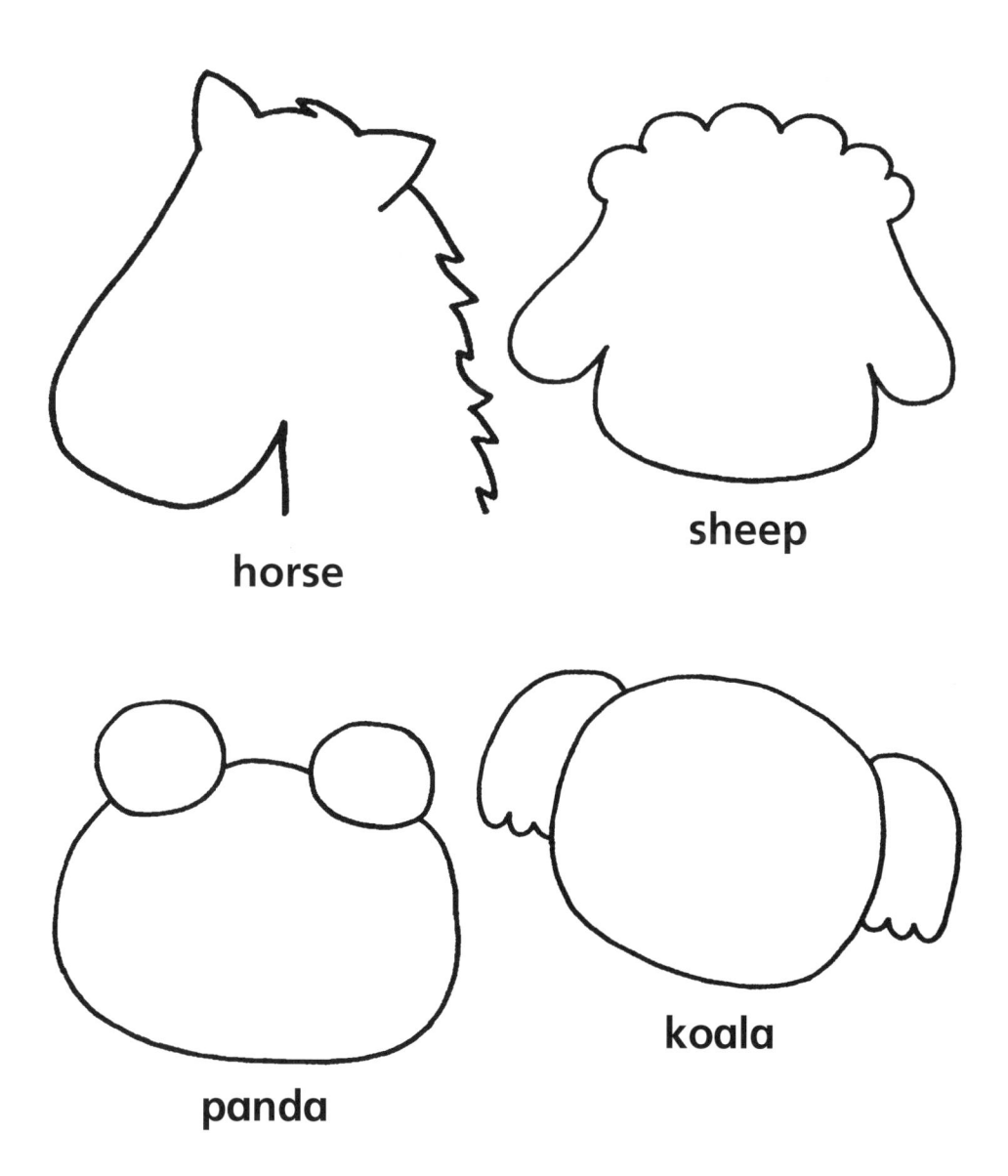

4歳〜

horse

sheep

panda

koala

9 Connect the letters from A to Z.
AからZまで線で結んでみましょう

The Alphabet

Part 3　すぐに使えるワークシート

骨やクモにさわらないようにしながら、AからZまでアルファベットの順番に、線で結んでみましょう。

5歳〜

10 Connect the dots.
点を結びましょう

The Alphabet

Part 3　すぐに使えるワークシート

A/aからZ/zまで順番に線で結んでみましょう。なんの形が見えてくるかな？

6歳〜

Words

11 Can you find the words?
単語がさがせるかな？

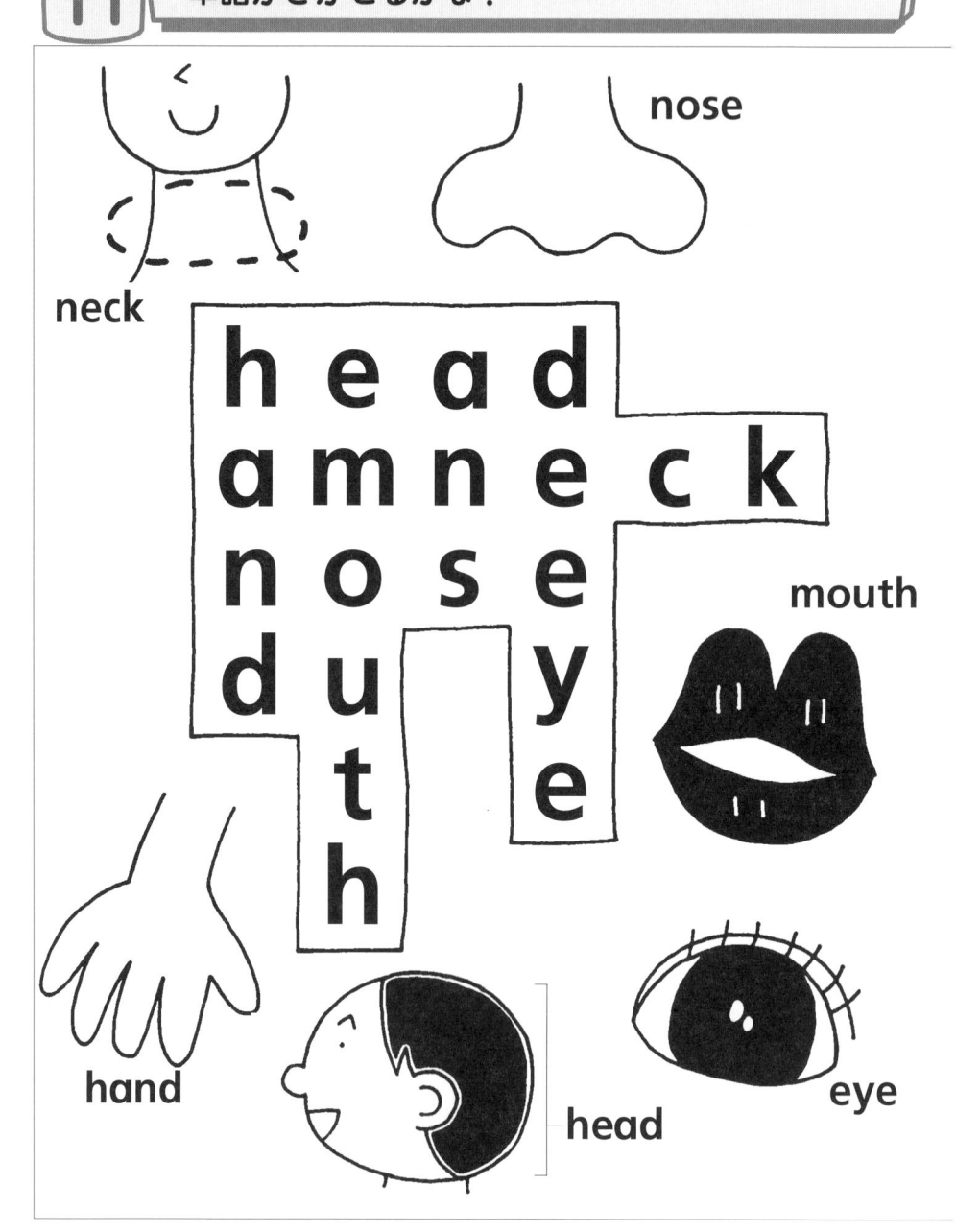

nose

neck

```
h e a d
a m n e c k
  n o s e
  d u   y
    t   e
    h
```

mouth

hand

head

eye

Part 3　すぐに使えるワークシート

まわりの絵を見ながら、タテとヨコにかくれている単語を見つけだしましょう。

（こたえは、183ページ）

5歳〜

apple

bread

```
b r e a d
  c o o k i e
  a p p l e
  n i c a k e
  d e
  y
```

cookie

cake

candy

pie

©『5分でできる　英語あそびマニュアル75』Kotomi Wada／ALC Press Inc.　イラスト／しんざきゆき

173

Words

12 What is the opposite of small?
smallの反対は？

〈つくり方〉

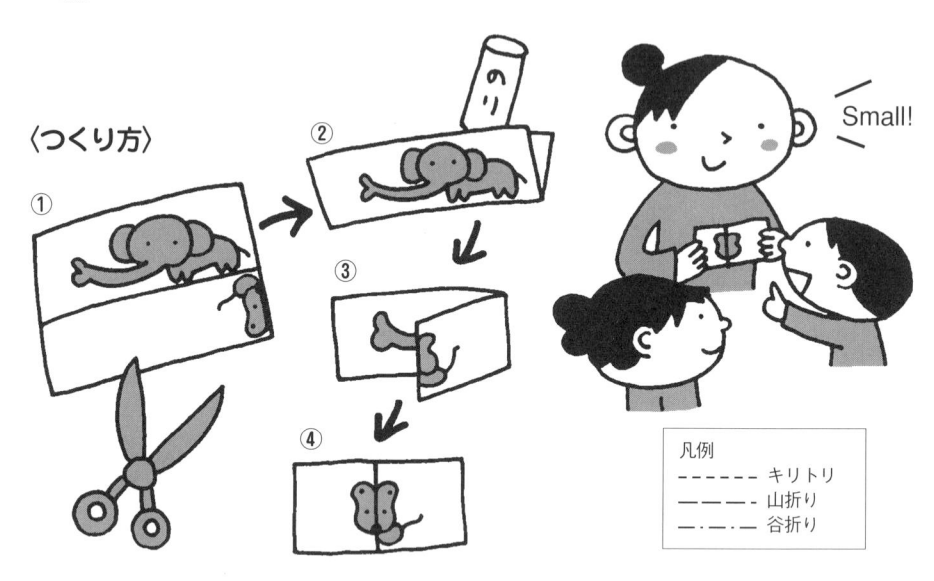

① ② ③ ④

Small!

凡例
------- キリトリ
――― 山折り
-・-・- 谷折り

big

small

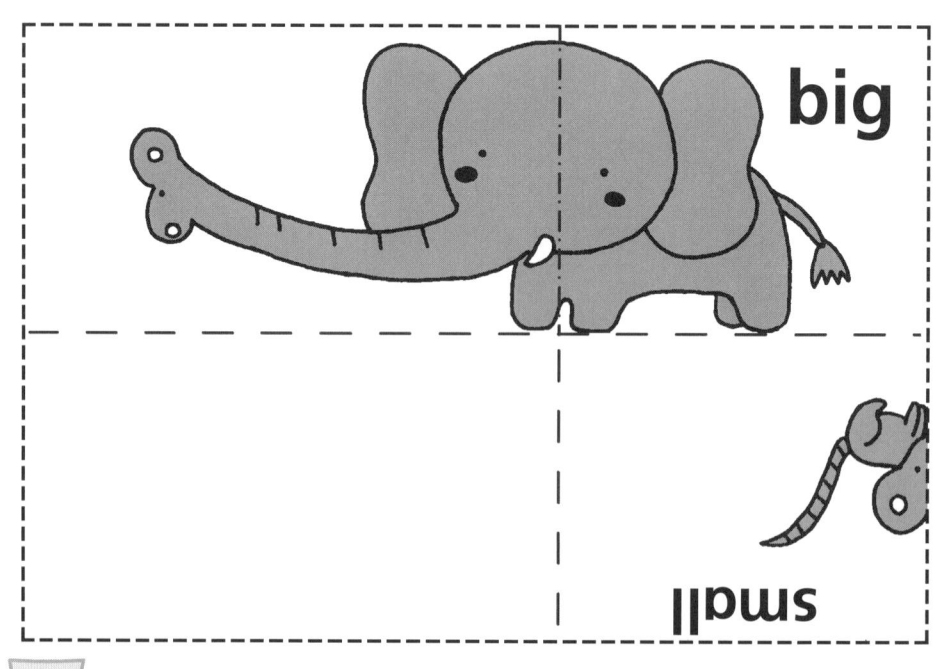

Part 3 すぐに使えるワークシート

反対ことばのカードをつくってみましょう。閉じたり開いたりしながら
"What is the opposite of small?"と反対のことばを覚えます。

4歳〜

heavy

light

long

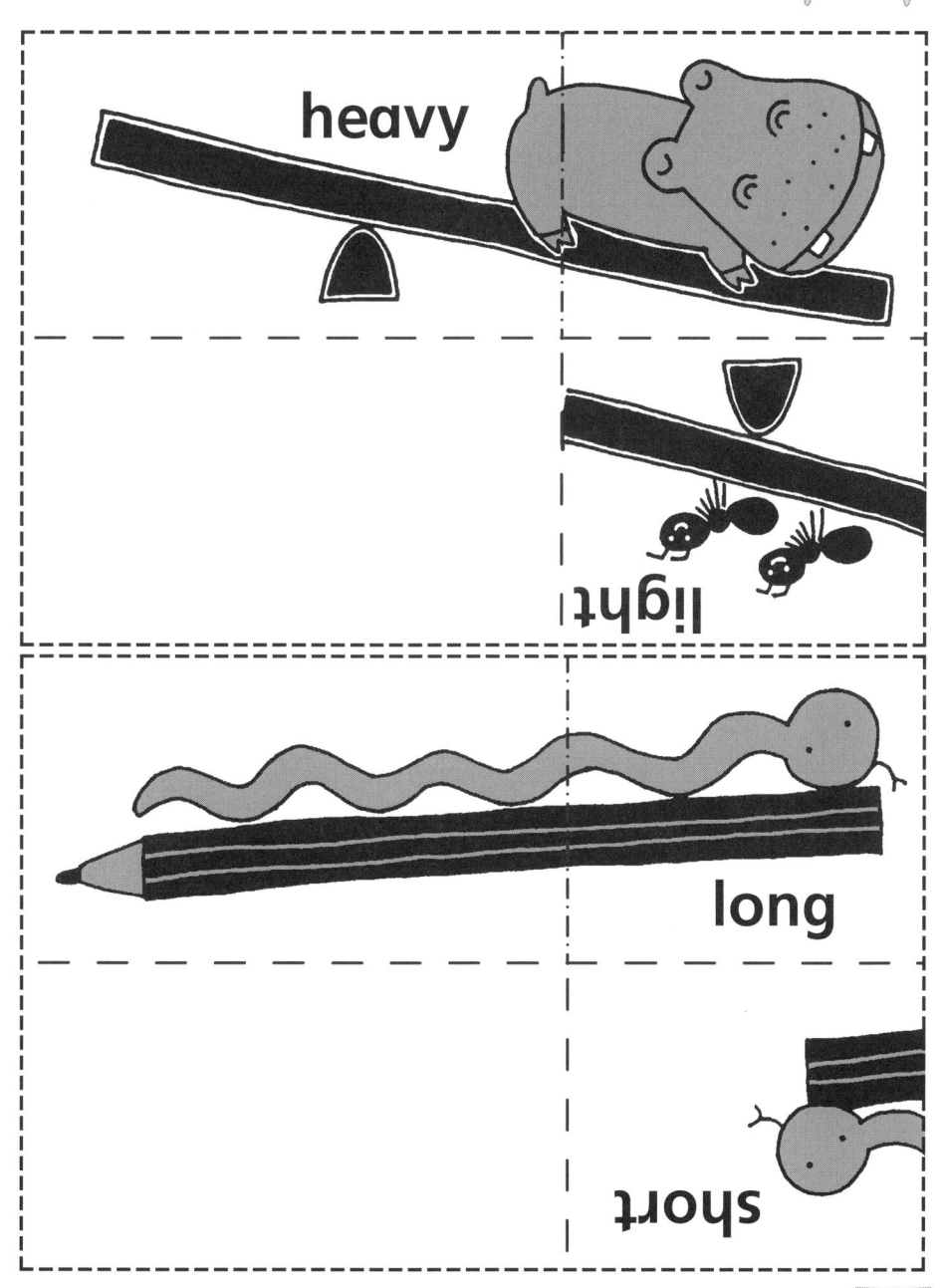

short

13 How to play with alphabet cards
アルファベットカードのあそび方

The Alphabet

❀ What's missing? 何がなくなった？ 4歳〜

①ランダムに8〜10枚を並べてよく覚えてもらいます。

②さっと1枚かくします。

よくみて覚えてね。

目を閉じてみちゃダメ。

まだ？

③何のカードがなくなったか聞きます。

What letter is missing?

このほかに、カードをふやして多くなったカードを聞き、ほかのカードにかえて何が違うカードになったか聞くなど、別のやり方をしてもいいですね。

❀ Where is the letter C? Cはどこ？ 3歳〜

Where is the letter C?

あった！

C is for?

Car!

カードを10枚ほど並べて、おうちの方はアルファベットを言います。

カードをとったら、そのアルファベットではじまる単語を聞きます。

アルファベットカードを使ってあそびましょう。pp.178〜179の型紙を使ってつくることができます。

C-A-T spells cat. C-A-T（シー、エー、ティー）はネコ　5歳〜

おうちの方が簡単な単語を言って、そのスペルを並べます。

単語の例：

dog・cat・fish・lion・one・two・hat・car・star など、同じ字を2回以上使わずにすむ4字以内の単語がいいでしょう。

What letter is this?　これは何の文字？　4歳〜

カードを6〜10枚持って、いちばん上に白いカードをおいて見えないようにします。一部だけ引き出して、何の文字か、当てます。

A B C
D E F
G H I
J K L
M N O

アルファベットカードの型紙 （あそび方はpp.176〜177をご参照）

コピーして厚紙にはってください（コピーはお好みに合わせて拡大するとよいでしょう）。

はさみで切り取って使ってください。

＊それぞれのアルファベットで始まる単語はp.183でご紹介しています。

イラスト／しんざきゆき

キリトリ

クリスマスカードの型紙

*p.*100のポップアップのクリスマスカードにご利用ください。コピーして緑色の画用紙をはったり、緑色にぬったりするといいですね。

凡例
――― キリトリ
― ― ― 山折り
―・―・― 谷折り

アルファベットチャートやワークシートの答え

Part 2 p. 121 アルファベットチャートの単語

A=apple（リンゴ）
B=ball（ボール）
C=cat（ネコ）
D=dog（イヌ）
E=egg（卵）
F=fox（キツネ）
G=gorilla（ゴリラ）
H=house（家）
I=ice cream（アイスクリーム）
J=jam（ジャム）
K=kettle（やかん）
L=lion（ライオン）
M=moon（月）
N=nose（鼻）
O=orange（オレンジ）
P=pig（ブタ）
Q=question（質問）
R=rabbit（ウサギ）
S=spoon（スプーン）
T=tomato（トマト）
U=UFO（UFO）
V=violin（バイオリン）
W=whale（クジラ）
X=xylophone（木琴）
Y=yacht（ヨット）
Z=zipper（ジッパー）

Part 3 ワークシートの答え

＊Part 3のワークシートの答えです。答えが明らかにわかるものについては、一部省略しています。何卒ご了承ください。

pp. 152～153 What is the letter A for?

A=alligator（ワニ）
B=bear（クマ）
C=cat（ネコ）
D=dog（イヌ）
E=elephant（ゾウ）
F=flower（花）
G=gorilla（ゴリラ）
H=house（家）
I=ice cream（アイスクリーム）
J=jam（ジャム）
K=koala（コアラ）
L=lion（ライオン）
M=monkey（サル）

pp. 154～155 What letter comes after P?

N=nail(s)（くぎ）
O=orange（オレンジ）
P=penguin（ペンギン）
Q=queen（女王）
R=rabbit（ウサギ）
S=snake（ヘビ）
T=train（電車）
U=umbrella（傘）
V=violin（バイオリン）
W=whale（クジラ）
X=fox（キツネ）
Y=yo-yo（ヨーヨー）
Z=zebra（シマウマ）

pp. 156～157 What is missing?

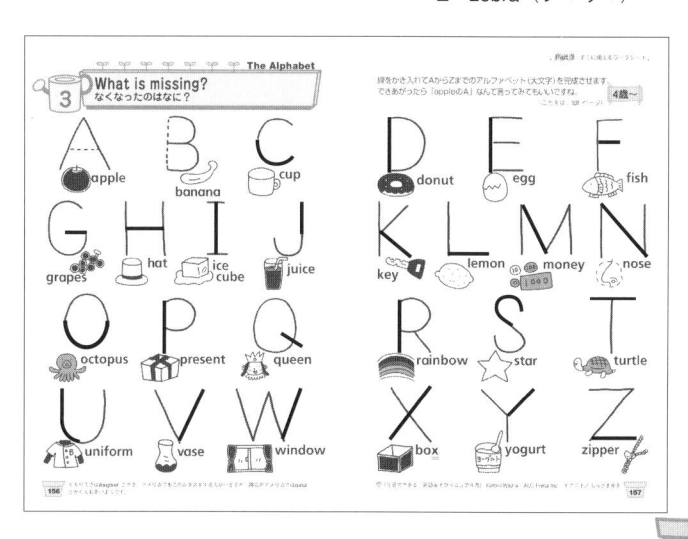

pp. 158〜159　Let's find the number.

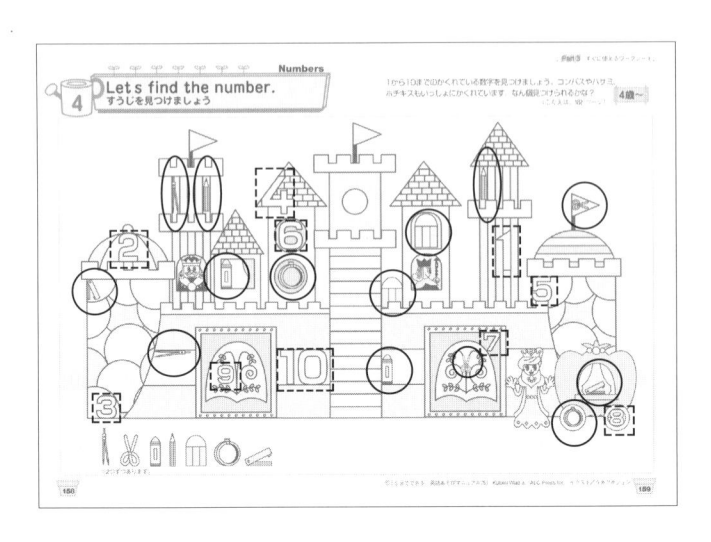

pp. 164〜165　What's this?

pp. 172〜173　Can you find the words?

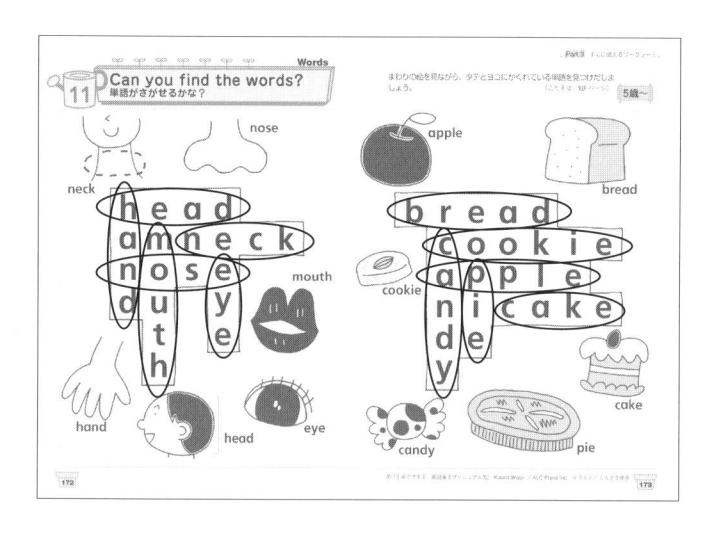

pp. 178〜179　アルファベットカードの単語

A＝ant（あり）
B＝ball（ボール）
C＝car（車）
D＝donut（ドーナツ）
E＝egg（卵）
F＝fish（魚）
G＝goat（ヤギ）
H＝house（家）
I＝ice cream（アイスクリーム）

J＝jam（ジャム）
K＝key（鍵）
L＝lemon（レモン）
M＝moon（月）
N＝nest（巣）
O＝onion（タマネギ）
P＝present（プレゼント）
Q＝queen（女王）
R＝rainbow（虹）

S＝star（星）
T＝tiger（トラ）
U＝umbrella（傘）
V＝violin（バイオリン）
W＝watch（時計）
X＝box（箱）
Y＝yo-yo（ヨーヨー）
Z＝zebra（シマウマ）

おわりに

　ここまで読んでいただき、本当にありがとうございました。この本の出版のお話をアルクの五味編集長からいただいたとき、実はとてもうれしかったのです。この本は、10年以上前にわたしが生まれてはじめて書いた本*を、大幅に加筆、変更したものです。これまで150冊以上の絵本、ワークブック、単行本を書いてきましたが、この本はその原点で、とても思い入れがありました。

　12年前、二人の娘たちは2歳と6歳でしたから、そのとき、この本の内容はわたしにとってリアルタイムでした。幼児教室で教えたり、塾で教えたりしながら、下の子が「おしっこ！」と言えばトイレに連れていき、上の子のお迎え、夕食の支度と、その間に原稿を書く日々……。すさまじい毎日のなか、よくパワーが続いたと思います。思えば楽しい日々で、どのページからも子どもたちの笑い声が聞こえてきます。

　わたしにとっての「英語子育て」は、英語を通じて、より子どもたちを理解して、楽しい時間をいっしょ過ごすことができる……これが何よりもいちばん大事なことでした。こんなふうに子どもたちとかかわって、いっしょに笑ったり、喜んだり、跳んだり、はねたり、気持ちを共有できる時間は、本当に限られています。

*1995年、主婦の友社より『ママといっしょに　英語でワォ～ッ！』として刊行。

その娘たちも4月から大学2年生と中学3年生。二人ともこれから、いろいろなことに出あうでしょう。失敗したり、立ち止まったり、転んだり、また立ち上がって歩いたり、自分の道を模索していくはずです。わたしはその後ろ姿にエールを送るだけです。

最後に、英文監修をしてくださったクリストファー・コソフスキーさん、キッズ英語編集部の教材チーム編集長の五味治子さん、編集をしていただいたサイクルズ・カンパニーの足立恵子さん、たくさんのイラストを描いてくださったやまとあやさん、しんざきゆきさん、タカクボジュンさん、本当にありがとうございました。心より感謝しております。

そして英語子育てを通して、たくさんの思い出と笑顔とエネルギーをプレゼントしてくれたわたしの二人の娘、彩花と萌花に心をこめて、ありがとう！

2005年3月
わだ ことみ

●著者
わだ ことみ（児童英語教師、絵本・知育ドリル作家）

東北大学卒業。昭和61年の長女の誕生をきっかけに、「英語子育て」をスタート。二人の子どもに、英語子育てを実践、「英語子育てママ」の先駆者的存在。現在は、その経験を活かし、児童英語教師として、子どもたちに英語の指導を行っているほか、子ども向け英語教材や知育ドリル、絵本、DVD、TV幼児番組等の開発・監修・執筆にたずさわる（これまで手がけた教材・書籍類は、150点以上）。主な監修・著作は、『知育ドリル ポケットモンスター』など知育ドリルシリーズ、『とっとこハム太郎 おけいこブック①〜⑤』（以上、小学館）、『ミニしかけえほん①〜⑳』（岩崎書店）、『アンパンマンとはじめようシリーズ』（フレーベル館）、『わだことみのえいごグッドモーニング』『わだことみのえいごでダンス』（以上、学研）など

●英文監修
クリストファー・コソフスキー（Christopher Kossowski）

ニューヨーク出身。22歳のときに初めて来日。長野県の小・中学校でJETプログラムのALT（外国語指導助手）を経験するほか、日米の出版社等で編集の仕事に携わる。現在は、英文記事のライター・編集者・校正者として活躍中

5分でできる 英語あそびマニュアル75
わだ ことみ 著 ／ クリストファー・コソフスキー 英文監修

2005年5月2日初版発行　　2007年7月31日第3刷発行

表紙デザイン：西宇美奈子（XIU Design）
本文デザイン：並河篤枝（サイクルズ・カンパニー）
表紙イラスト：やまとあや
校正協力：＜英文＞Joel Weinberg、＜和文＞南美穂（アルク）、原弘子

発行人：平本照麿
発行所：株式会社アルク
〒168-8611　東京都杉並区永福2-54-12
電話 03-3327-1101（カスタマーサービス部）　03-3323-0041（キッズ英語編集部）
URL: http://www.alc.co.jp/kid/　e-mail: kids@alc.co.jp

DTP：さいとうひろむ、サイクルズ・カンパニー
印刷・製本：図書印刷株式会社

©Kotomi Wada 2005
Printed in Japan

＊本書は、1995年に主婦の友社より刊行された『ママといっしょに　英語でワォ〜ッ！』を改題、大幅に加筆・改稿し、単行本化したものです。

定価はカバーに表示してあります。
本書の全部または一部の無断転載を禁じます。著作権上で認められた場合を除いて、本書からのコピーを禁じます。乱丁・落丁本は弊社にてお取り替えいたします。
PC7005021
ISBN 978-4-7574-0876-0

編集部からのおススメ情報

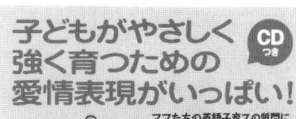

「英語子育ての表現」のバイブル的一冊!
『ヘンリーおじさんの英語で子育てができる本』
～ネイティブが答える英語Q&A～

ヘンリー・ドレナン著
CD1枚付き　1,995円（税込）アルク刊

「英語子育ての場面でも、子どもに愛情をもって語りかけることがコツ」をコンセプトに、ネイティブのヘンリーおじさんが、「こんなときは、英語でどういうの?」というママたちの質問に回答!

＜質問の例＞
Q: 「ひとりでできたね!」とほめるには?
Q: 「いじわるしちゃダメよ」って教えるには?
Q: 「おねしょ」や「おもらし」はなんて言う?

など、今までの会話本になかった、臨場感たっぷりの英語子育て表現が満載です。ニューヨークで録音したCDも人気!

★ 全国の書店で発売中。書店にない場合には、小社に直接お申し込みください。

ご注文は　☎ 0120-120-800 （24時間受付）FAX: 03-3327-1300
E-mail: shop@alc.co.jp　URL: http://www.alc.co.jp/alcshop/

＊1回あたりのご購入金額が3,150円（税込）未満のご注文には、発送手数料150円（税込）を申し受けます。ご了承ください。

お役立ち情報満載!
アルクのメールマガジン（無料配信）

アルクでは、おうちの方向けの「英語子育てマガジン」と、児童英語教師向けの「子ども英語せんせいマガジン」の2種類のメールマガジンを無料で配信。皆さまに、いち早くお役立ち情報をお届けしています。

「英語子育てマガジン」（毎月2回配信）
＜内容の例＞
● アルクの出版物や子ども向けイベントの最新情報
● 読者モデル募集情報
● 英語子育てサークル情報……など

「子ども英語せんせいマガジン」（毎月2回配信）
＜内容の例＞
● アルクの出版物や研修会などの最新情報
● 各社ワークショップ、セミナー情報
● 英語を教える先生のための役立つ読み物……など

購読のお申し込みは、スペースアルク（http://www.alc.co.jp/mmcenter/）の「メールマガジンセンター」からどうぞ!
＊メールマガジンの内容に関する情報は、予告なく変更される場合がありますので、ご了承ください。

自宅で、小学校で、子どもに英語を教える！

注目の資格
「小学校英語指導者資格」認定コース！

アルク児童英語教師養成コース

「アルク児童英語教師養成コース」は、子どもたちに楽しく英語を教えるための通信制プログラム。自分のペースで学ぶことができ、講座修了後は英会話教室開設の道が開けるほか、所定の研修講座（有料）を受け、申請規定を満たせば、「小学校英語指導者資格」の取得も目指せます。

NPO小学校英語指導者認定協議会 J-SHINE
資格認定コース 6カ月通信プログラム
詳しくは http://shogakko.alc.co.jp/jshine/ をご覧ください。

こんな方にオススメ
☑ 子どもたちにわかりやすく英語を教えたい！
☑ 英語を生かして資格を取り、副収入に結びつけたい！
☑ やりがいがあり、一生続けられる仕事がしたい！

初心者でも安心！
教える力と英語力がムリなく身につく

ココがオススメ！

- 「教えるための知識」を身につける3冊のテキスト
- 「教えるための実践力」を鍛えるテキスト。レッスン用の教材もついています
- 英語の発音・文法は、この2冊でしっかり復習
- ベテラン先生たちのレッスンを収録したDVD

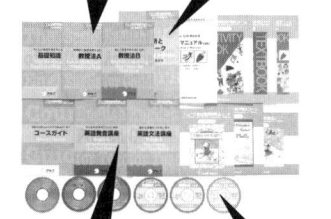

最新情報を毎月お届け、フォロー体制も万全
副教材として「子ども英語教育の専門誌『子ども英語』を毎月お届けします。さらに、会員専用Webサイト「My ALC」が日々の学習をバックアップ！

修了後、児童英語教師デビューをサポート
● 自宅教室で教える
自宅で「アルク Kiddy CAT 英語教室」を開設する道が開けます。
※ロイヤリティは不要です。

● 資格を取る
規定の成績で当コースを修了し、2日間の資格取得研修講座（有料）を受けると、アルクを通じてJ-SHINEへ「小学校英語指導者資格」の申請の道も開けます。

小学校英語指導者資格 取得までの流れ
1. 「アルク児童英語教師養成コース」を受講する
2. 所定の「資格取得研修講座」（有料）を受ける
3. アルクの推薦を受けJ-SHINEに申請する
4. 審査を受け、小学校英語指導者資格を取得！

J-SHINE発行の資格証明書
J-SHINEのホームページ http://www.j-shine.org/

注)「小学校英語指導者資格 (J-SHINE資格)」は小学校での仕事を保証するものではありません。また、国家資格ではありません。

「小学校英語指導者資格」申請条件については、ウェブサイトでご確認いただけます。
http://shogakko.alc.co.jp/jshine/

教材	コースガイド／テキスト6冊／DVD3枚／CD3枚／教材テキスト3冊／教材絵本3冊／月刊『子ども英語』6冊（毎月1冊）／マンスリーテスト6回／レッスンプラン提出3回／指導用マニュアル／修了証（修了ষ発行） ※月刊『子ども英語』は毎月のお届けとなります。	受講料	71,400円（本体68,000円+税）
		標準学習期間	6カ月
※お申し込み受付後3営業日以内に、教材を一括で発送センターより出荷いたします。		受講開始レベルの目安	TOEIC550点程度、英検2級程度〜

詳しい資料を進呈中！ ご請求はフリーダイヤルまたはインターネットで。

通話料無料のフリーダイヤル
☎ **0120-120-800** (24時間受付)
＊携帯電話・PHSからもご利用いただけます。

インターネット アルク オンラインショップ
http://shop.alc.co.jp/
＊詳しい内容のご確認いただけるほか、資料請求もできます。

※お知らせいただいた個人情報は、商品、資料の発送および小社からの商品情報をお送りするために利用し、その目的以外での使用はいたしません。
また、お客様の個人情報に変更の必要がある場合は、カスタマーサービス部 03-3327-1101までご連絡をお願い申しあげます。

児童英語教師に必要な理論と実践の両方が学べる！

藤田 保
(上智短期大学英語科教授)

「アルク児童英語教師養成コース」を英語科の授業で活用

公立小学校の「総合的学習の時間」の中で英語活動が導入されて以来、児童英語教育が注目を集めている一方で、子どもに英語をきちんと教えることのできる指導者が不足し、深刻な問題になっています。

単に英語が話せるだけでは英語は教えられませんし、大人に英語が教えられても子どもに適切な指導ができるとは限りません。大人と子どもの違いを認識し、しっかりとした指導法の裏付けがあってはじめて児童英語教師となれるのです。

現在、私は上智短期大学で「児童英語教育概論」と「児童英語教育演習」を担当しており、これらの科目のメーン教材として「アルク児童英語教師養成コース」を採用しました。多くの指導書にタスク（例えばゲーム）のアイデアは掲載されています。しかし、「なぜそのタスクを行なうのか」という理論的裏付けがなければ、授業の活動は表面的なものに終わってしまい「楽しいけれど英語は身につかない」ということにもなりかねません。その意味で、一流の執筆陣によって作られたこの教材は、理論面と実践面をバランスよく総合的に扱っており、理想的なものだと言えるでしょう。

また、短大卒業後すぐになるかどうかは別として、将来の職業のオプションとして児童英語教師を考えている学生が年々増えてきています。今後ますます需要が高まるであろう有資格の児童英語教師の養成という点から、この教材が「小学校英語指導者資格」認定コースとして認定されていることも大きな魅力です。

日本の英語教育の将来のためにも、この教材の学習を通じて一人でも多くの信頼に足る児童英語教師が生まれることを切に願っています。

児|童|英|語|教|師 Q&A

Q 子どもに英語を教えるときに大事なことは何ですか？

A 単語や構文をことばで説明するのではなく、いきいきとわかりやすく取り上げ、子どもたちを楽しい英語の世界へ導くことが大切です。子どもたちが飽きないレッスンを行うためには、子どもたちと同じ目線に立ち、常にアンテナを張りめぐらせて情報キャッチを心がけましょう。

Q 子どもに英語を教えるにはどの程度の英語力が必要ですか？

A 求められる能力は一般的に英検2級程度といわれていますが、吸収力の高い子どもたちに英語を教えるわけですから、基礎的な文法力だけでなくネイティブ・スピーカーに近い発音も必要です。
「アルク児童英語教師養成コース」では、こうした基礎的な文法や正しい発音も学ぶことができます。

子どもに英語を教える人のための月刊誌

教えるためのアイディアいっぱい

子ども英語

毎月9日発売 （実用付録つき）
880円（本体838円＋税）

毎号、児童英語教育の最新情報と、子どもたちが楽しく英語に触れ合えるヒントが満載！
子どもたちには「楽しく英語を学んでほしい」とお考えの児童英語教師、保護者のみなさまにおすすめです。

『子ども英語』年間購読のご案内

年間購読をアルクにお申し込みいただくと、無料でクラブアルク会員として登録され、以下の特典が受けられます。

★会報誌『Magazine ALC』を12カ月無料進呈
★会員専用サイト「My ALC」が12カ月間利用可能
★アルクの出版物が10%OFF ※一部商品を除く

購読期間 12カ月
購読料 10,500円（本体10,000円＋税）
お支払い方法 コンビニ・郵便払込
（一括払い、手数料無料）
クレジットカード
（一括払い、手数料無料）

毎月、発売日前後にお届けいたします。

年間購読のお申し込みはフリーダイヤル、またはインターネットで！

通話料無料のフリーダイヤル
0120-120-800
携帯電話・PHSからもご利用になれます。 （24時間受付）

インターネット アルク オンラインショップ
http://shop.alc.co.jp/

アルク

英語の翼をつけてあげたい。

英語教育に関して信頼と定評のあるアルクでは、今の時代の子どもたちを「英語の使える国際的な視野を持った地球人に育てる」ため、教材の開発から教師の指導までを一貫して行い、『Kiddy CAT英語教室』を全国展開しています。アルクの教室でお子さまを学ばせてみませんか？

Kiddy CAT 英語教室

英語教室に何を求めますか？

子どものことを理解してくれ安心して任せられる先生に出会いたい

Kiddy CAT英語教室では、審査を受け認定された先生が指導。お子さんの表情や、微妙な変化にもすかさず気づき丁寧にフォローしていきます。納得いくまでコミュニケーションが可能です。また、ほとんどが自宅をお教室にしているためじっくりとお付き合いの出来る先生に出会えます。

子どもに興味を持って楽しんでもらいながら出来るだけたくさんの英語に触れさせたい

Kiddy CAT英語教室では、自然に無理なく英語の会話力が身に付くように学習をスタートする年齢に応じて工夫されたオリジナルのカリキュラムと教材を使用します。詳しくは「コースの紹介」をご覧ください。

自宅の近所に通わせたい

Kiddy CAT英語教室は現在、全国に約1000校のお教室を展開しています。同じカリキュラム、教材を使用しているためお引越しなど転居された場合でも安心して続ける事が可能です。

家庭でも出来る英語子育てのヒントが欲しい

Kiddy CAT英語教室で使用するDVD教材やCDなどは、ご家庭でも保護者の方も一緒に楽しむ事が出来ます。また、プリコースは親子で一緒に参加するコースとなっており、ご家庭での英語子育てのヒントも同時にたくさん吸収出来ます。

コースの紹介

Aコース
対象 年中、年長から初めて学ぶ子ども

監修 久埜百合（中部学院大学客員教授・千葉大学教育学部非常勤講師 小学校英語教育学会 （財）語学教育研究所理事 外国語教育メディア学会関東支部運営委員）

Aコースは、英語の指示を聞きながら、切り貼りやぬり絵をしたり、歌ったり、ゲームをしたり、といったアクティビティがいっぱいのカリキュラムです。英文の仕組みや意味を日本語で説明することはせず、英語を聞かせ続けることで、英語を聞いたときに類推しようとする子どもの能力を伸ばします。この時期、大人の目には明らかな効果はまだ見えにくいかもしれませんが、子どもの耳は聞こえた通りの英語の音を素直に吸収し、敏感に反応していきます。

Bコース
対象 低学年で初めて英語を学ぶ小学生

監修 仲田利津子（IIEEC英語教師トレーニングセンター代表）

テキストと連動したDVD教材やCDを使用し、日常よく使われる表現を学んだり、ラップのリズムで単語や動詞を学んだりします。また、英米のあそび歌やゲームを取り入れた盛りだくさんのレッスンとなります。1年生からスタートした場合、小学校卒業時には中学2年生くらいまでに学習する文法を使った英会話表現ができるようになります。

Cコース
対象 高学年で初めて英語を学ぶ小学生

監修 松香フォニックス研究所

Cコースの教材は、「聞く」「話す」「読む」「書く」の英語の4技能に加えて、英語で「考える」力を伸ばすことを目指して制作されています。またコミュニケーションのための英語力を身につけることを第一の目的にしており、テキストで扱うテーマや会話表現も、10～12歳の子どもの生活の場面に即したものを選んでいます。

みんなの人気者 エリックさん！
A、Bコース教材のビデオにはあのテレビで大人気のエリックさんが出演しています。

プリコース
えいごとともだち アルクのabc で楽しくレッスン

対象 2、3歳から初めて学ぶお子さん（原則として親子参加）

監修 杉田 洋（東京学芸大学国際教育センター教授）

プリコースは2・3歳児の特性を存分に生かしたコースです。教材はアルクオリジナルの幼児向けDVD「アルクのabc」。英語の歌や楽しいアニメが収録され、子どもたちの大好きな食べ物、動物、乗り物などの単語が基本的な会話表現と一緒に学んで行きます。先生の英語による話しかけでレッスンは進行し、DVDに合わせて親子いっしょに英語を学んでいきます。また、クラスみんなと一緒に行うアクティビティやゲームを通して英語感覚が身につきます。

まずは教室本部へお問い合わせください。

アルクKiddy CAT英語教室　本部

0120-633-069 土日・祝日を除く 10:00～17:00

FAX 03-3323-5515　E-mail : kchonbu@alc.co.jp　24時間受付

お問い合わせの際、「「5分でできる英語あそびマニュアル75」を見た」と一言添えてください。

お電話、または必要事項（保護者のお名前・お子様の年齢・ご住所・お電話番号）を明記の上、ファックス、E-mailでお問い合わせください。

体験レッスン随時実施中！
教室の見学についてもお気軽に左記までお問い合わせください。
*学期途中の入会なども、お気軽にご相談ください。
*時期により、対象のクラスがない場合もございますのであらかじめご了承ください。

アルクホームページでもご覧いただけます！　http://www.alc.co.jp/kid/kcschool/

魔法の耳を育てる
英語のシャワー

アルク
www.alc.co.jp

対象
胎児〜3歳児

angel course エンジェルコース

ママに代わって英語で物語の読み聞かせや、歌遊びを教えてくれるCDコース。家庭での赤ちゃんへの語りかけも収録されていて、英語が苦手なママにおすすめです。

また本コースは音声医学博士トマティス氏の理論に基づき、周波数の高いイギリス英語とモーツァルトの楽曲を採用。良質な英語のシャワーで、無理なく英語の耳をはぐくみます。

英語の耳をはぐくむ3つのひみつ

ひみつ1 イギリス英語の周波数に慣れる
耳が柔軟な乳幼児期に、日本語とは周波数が大きく異なるイギリス英語の音・リズム・イントネーションにくり返し触れることで、英語を聞き取れる耳を育てます。マザーグースや名作童話、日常の語りかけの言葉など、お子さんが自然に英語に親しめる内容です。

ひみつ2 モーツァルトで効果アップ
家庭の会話や童話の読み聞かせのコーナーでは、リラックス効果の高いモーツァルトの楽曲をBGMに使用。オーケストラのバイオリンの音色などの高周波の音を聞くことで、広範囲の周波数の音に対応できる耳をつくることができます。

ひみつ3 ママもパパもこれなら安心
CDを流して聞かせるだけなので、ママ・パパの準備は不要。お子さんと一緒にリラックスして楽しんでください。アルクが、長年のデータとノウハウを基に制作しているので、英語の質の高さは折り紙つき。また、お求めやすい価格でお財布にも安心です。

各CDは3つの内容で構成されています。

❶ マザーグースと遊び歌 全24曲
世界中で親しまれている歌で、英語のリズムや音感を養います。
【収録内容】Good Morning／ABC Song ほか

❷ 乳幼児がいる家庭の会話
赤ちゃんの耳に英語での語りかけが優しく響き、安心感を与えます。
【収録内容】いないいない、ばあ／あんよは上手 ほか

❸ 名作童話の読み聞かせ 全24話
アンデルセン、グリムなどお子さんにぜひ聞かせたい童話を集めました。ブックレットでは英語と日本語の対訳で紹介。
【収録内容】白雪姫／長靴をはいた猫／シンデレラ ほか

コースガイド	1冊
CD（約30分）	12枚
ブックレット	6冊
特製CDケース	

●標準学習期間　12カ月
●受講料　30,450円（税込）
●お支払い方法
　クレジットカード（一括払い・分割払い）
　コンビニ・郵便払込（一括払い、手数料無料）
　代金引換（一括払い、代引手数料630円）

※お申し込み受付後3営業日以内に、教材を一括で発送センターより出荷いたします。

ママにも優しい英語子育ては『エンジェルコース』で。

通話料無料のフリーダイヤル（24時間受付）
0120-120-800
携帯電話、PHSからもご利用いただけます。

アルク　オンラインショップ
http://shop.alc.co.jp/

※お知らせいただいた個人情報は、商品の発送、お支払いの確認等の連絡および小社からの商品・サービスをお送りするために利用し、その目的以外での使用はいたしません。
また、お客様の個人情報に変更の必要がある場合は、カスタマーサービス部 TEL 03-3327-1101（月〜金／9時〜17時）までご連絡お願い申しあげます。